William Marshall

Leben und Treiben der Ameisen

William Marshall

Leben und Treiben der Ameisen

ISBN/EAN: 9783743302358

Hergestellt in Europa, USA, Kanada, Australien, Japan

Cover: Foto ©berggeist007 / pixelio.de

Manufactured and distributed by brebook publishing software
(www.brebook.com)

William Marshall

Leben und Treiben der Ameisen

LEBEN UND TREIBEN

DER

AMEISEN

VON

DR. WILLIAM MARSHALL,

PROFESSOR AN DER UNIVERSITÄT LEIPZIG.

———————•◄•►•———————

LEIPZIG,

VERLAG VON RICHARD FREESE.

1889.

Verum historia formicarum longior Iliade futura sit,
si omnia commemorare velim.

Erasmus Ebnerus um 1550.

(Wenn ich die ganze Geschichte der Ameisen berichten
wollte, dann könnte die Erzählung freilich länger werden
als die Ilias.)

Es mag wenig nötig, selbst überflüssig und als eine Vermehrung des litterarischen Ballastes erscheinen, wenn ich es wage, ein Bild von dem Leben und Treiben der Ameisen zu entrollen, denn fast in jedem Buche, das sich mit Kapiteln aus der Tierkunde in allgemein verständlicher Weise beschäftigt, in jedem Jahrgange beinahe der für die Familie berechneten Zeitschriften, ja gelegentlich in jeder Zeitung einmal finden sich Aufsätze, Plaudereien, Notizen über diese merkwürdigen Insekten.

Aber dennoch — und das ermutigt mich einigermassen — fehlt uns Deutschen ein Büchlein, wie es die Franzosen in der meisterhaften Schrift Ernest André's „Les Fourmis" besitzen, welches den Gegenstand gleichmässig und unter Berücksichtigung der neuesten Forschungen und Untersuchungen des In- und Auslandes nach allen Seiten hin behandelt. Der Gegenstand ist es aber wert, dass er des Breiteren zur allgemeinen Kenntnis gebracht wird. Dass ich mich dabei kürzer fasse, als mein transrhenanischer Herr Kollege, entspricht dem Plane, welcher der Herausgabe dieser Vorträge zu Grunde gelegt ist. Niemand erwarte auch in den vier folgenden Vorträgen die Ergebnisse eigner Erfahrungen zu finden. Diese sind gegenüber den teilweise wahrhaft genialen Beobachtungen eines Huber (1810), Forel (1874—1884), Sir John Lubbock (1882), Lincecum (1861 u. s. w.), Mac Cooke (1879 u. s. w.), Adlerz (1887) und wie die Männer alle heissen mögen, aus deren Schriften ich die einzelnen Steinchen zu den folgenden Mosaikstücken zusammengelesen habe, ganz geringfügig und völlig bedeutungslos. Dass ich die Thatsachen bisweilen auf meine, von der der Beobachter hin und wieder abweichende Art und Weise zu deuten versuche, bitte ich zu verzeihen.

I. Über den Bau und das individuelle Leben der Ameisen und vom Ursprung ihrer Staaten.

Formica virtutum magistra.

St. Chrysostomus.

(Die Ameise ist eine Lehrmeisterin in den Tugenden.)

Schon Aristoteles bemerkt in einem der ersten Sätze seiner Naturgeschichte der Tiere, die Ameise sei wie die Biene und der Mensch ein politisches Wesen und sie teile mit diesen die Gewohnheit und Sitte, in staatlichen Vereinigungen zu leben und bürgerliche Gesellschaften zu bilden.

Die Bienen, Ameisen und Menschen sind nicht die einzigen Geschöpfe, welche diese wunderbare Lebenseinrichtung zeigen, wir finden sie ausserdem noch bei Insekten, jedoch nur bei Insekten, denn die Kolonien der gesellig lebenden Biber, welche der grosse griechische Philosoph mit einschliesst, haben mit einem wahren Staatenwesen nichts gemein. Hoch ausgeprägt tritt uns dasselbe bei den Termiten, jenen auch unpassend „weisse Ameisen" genannten Orthopteren wärmerer Länder der ganzen Erde, und in weniger durchgreifender Form bei den Hummeln und einer Anzahl von Wespen unsrer Heimat entgegen. Bei diesen letzteren beiden Tiergruppen stellt der Staat kein dauerndes Gemeinwesen dar, er geht vielmehr beim Eintritt der kalten Jahreszeit zu Grunde und nur befruchtete Weibchen überwintern, um im Frühjahr die Begründerinnen neuer Gesellschaften zu werden, während die Gemeinden der Bienen und Ameisen nicht innerhalb einer so kurzen Spanne Zeit heraufblühen und verfallen, sondern weit länger, unter Umständen viele Jahre lang, lebenskräftig bestehen können.

Es sind nun zunächst zwei allerdings im engsten Zusammenhange stehende Fragen, welche sich uns beim Betrachten der Staaten der Tiere, in unserm besonderen Falle der Ameisen aufdrängen: Wie sind diese Staaten entstanden und wie wirkt das Leben in ihnen auf die Bürger zurück? — Fragen, die uns, und namentlich die erstere, weit ins Hypothetische führen, deren Beantwortung doch gewagt werden muss.

Wir sind von vornherein zu der Annahme genötigt, dass die Ameisen eine alte Sippe des Stammes der hautflügeligen Insekten sind und dass sie bereits eine lange Geschichte hinter sich haben.

Eine im ganzen wie in den einzelnen Teilen so verwickelte Einrichtung, wie sie sich in einem Ameisenstaate und allen seinen die körperlichen und geistigen Eigenschaften der Bürger betreffenden Konsequenzen vor Augen stellt, kann unmöglich die Folge erst seit kurzem vor sich gehender Anpassungen sein. Und mehr! wir sind nicht lediglich darauf angewiesen, auf ein geologisch hohes Alter der Ameisen aus Wahrscheinlichkeitsgründen zu schliessen, wir können es beweisen. In so alten Schichten, wie es die des unteren Juras (des Lias von Schambelen) sind, finden sich Reste von echten Ameisen (Palaeomyrmex) und — wie schon Martial singt:

> Dum Phaëthontea formica vagatur in umbra,
> Implicuit tenuem succina gutta feram.
> Sic modo quae fuerat vita contemta manente.
> Funeribus facta est nunc pretiosa suis.*)

Ameisen zählen im Bernstein mit zu den häufigsten Insekten und zum Teil gehören die in diesem fossilen Harze vorkommenden Formen noch lebenden Gattungen an, ja, was von besonderem Interesse ist, wir finden hier durch solche noch blühende Gattungen schon die beiden grossen Gruppen, in welche man die lebenden Ameisen geteilt hat, vertreten: durch das Geschlecht Formica die Gruppe der stachellosen, und durch Myrmex die der stacheltragenden.

Es ist nicht leicht, nähere Verwandtschaftsbeziehungen der Ameisen zu den übrigen Familien der lebenden hautflügeligen Insekten zu finden und darzuthun: sie müssen sich schon auf einer sehr frühen Stufe der Entwickelung dieses Tierstammes abgezweigt und in selbständiger Richtung weiter entwickelt haben. Namentlich dürfen wir nicht etwa in den gewöhnlichen Wespen, den Hummeln und Honigbienen deshalb, weil diese Tiere einfachere Staatswesen bilden, auch in den Charakteren ihres Körpers sich weniger weit von der typischen Eigenart der Hymenopteren entfernen, Formen sehen wollen, welche gewissen Ahnengenerationen der Ameisen entsprächen.

Wenn wir die Entstehung der Staaten der Bienen, Hummeln,

---

*) Unter dem Dache harztriefender Bäume ergeht sich die Ameis':
Siehe ein Tropfen begräbt plötzlich das zierliche Tier.
Also geschah's, dass sie, die im Leben gering und verachtet,
Sich den köstlichsten Werth nun durch ihr Grabmal errang.

Wespen und Ameisen erörtern wollen, müssen wir von solchen Hautflüglern ausgehen, welche weder ihre Eier an (Blattwespen) oder in (Gallwespen) Pflanzen, noch an und in Gliedertiere (Schlupfwespen) legen, sondern einzelne oder nebeneinander gelegene Zellen über oder unter der Erde bauen, in diese ihre Eier unterbringen und sie weiter mit so viel Nahrung pflanzlicher oder tierischer Art anfüllen, dass die aus den Eiern sich entwickelnden Larven bis zu ihrer Verpuppung genügend versorgt sind. Solche Formen sind die einsam lebenden Bienen, welche immer pflanzliche Substanzen (Honig, Pollen), die einsam lebenden Wespen, welche teils pflanzliche, teils und häufiger tierische (Raupen, Spinnen) und die Mehrzahl der Grabwespen, welche ausschliesslich Gliedertiere eintragen. Derartige Hymenopteren werden meist eine nur wenig zahlreiche Nachkommenschaft sowie eine kurze Flugperiode haben. Sie lernen ihre Kinder nie kennen und die Arbeit, die Nahrung gleich für das ganze Larvenleben derselben herbeizuschaffen ist zu bedeutend, als dass dies für eine beträchtliche Anzahl geschehen könnte.

Manche Arten indessen verbesserten als Arten ihre Daseinschancen durch eine zahlreichere Nachkommenschaft, die sie jedoch bei deren Menge nicht ein für alle mal mit Futter versorgen konnten, sondern der sie eine kleinere Masse desselben, welche bequemer zu gewinnen war, immer wieder ersetzen mussten. Diese lernten ihre Nachkommenschaft bis zu einem gewissen Grade gar wohl kennen und mussten als ausgebildete Insekten eine längere Lebensdauer gewinnen. Wir kennen unter den lebenden Bienen und echten Wespen keine in dieser Weise an ihre Brut angepassten Formen, wohl aber unter den Grabwespen (z. B. die zahlreichen Arten der fast kosmopolitisch verbreiteten also alten Gattung Bembex).

Nun wissen wir aber, dass die Quantität und Qualität der während des Larvenlebens von den Insekten genossenen Nahrung zunächst auf ihre Grösse im ausgebildeten Zustande einen bestimmenden Einfluss hat: wir können aus Raupen infolge spärlicher Diät sog. Kummerformen von Schmetterlingen erziehen, die Individuen derselben Art von Schlupfwespe oder parasitären Fliege richten sich in ihrer Körpergrösse nach derjenigen des Wirtes, in welchem sie als Maden hausten u. s. w. Setzen wir jetzt den Fall, eine den Larven ihrer Brutkolonie Futter zuschleppende Hymenopterenmutter verfuhr in der Verteilung desselben durch irgend welchen Zufall, etwa dadurch, dass sie zu gewissen Individuen eher und leichter gelangen konnte als zu andern, ungerecht, oder sie fütterte dieselben, die als Eier nach einander geboren waren, verschieden lange, so wird die Folge der ungleichartigen Ernährung eine ungleichartige Entwickelung der Pfleglinge gewesen sein. Sie hatte ursprünglich zweierlei Kinder, weibliche und männliche: die ersteren gingen aus den befruchteten, vielleicht auch zuerst abgelegten Eiern, die letzteren aus den unbefruchteten hervor, die möglicherweise produziert wurden, nachdem der im mütterlichen Körper (in der Samentasche) aufgespeicherte, durch die Begattung empfangene männliche Zeugungsstoff erschöpft war. Unter diesen Umständen wurden die ersten weiblichen Larven am längsten und besten, die zweiten weniger lang und gut, am kürzesten und schlechtesten aber die in gewissem Sinne nachgebornen, aus unbefruchteten Eiern hervorgehenden männlichen ernährt. Da diese nun, abgesehen davon, dass sie aus den am spätesten abgelegten Eiern stammten, auch noch aus andern, hier nicht zu erörternden Gründen, etwas vor den Weibchen das fortpflanzungsfähige Alter erreichen sollten, so wurden sie der mütterlichen Pflege am wenigsten teilhaftig — sie blieben in diesen Fällen in der Körpergrösse am meisten zurück. Das Muttertier hatte aber eine bedeutende Masse männlichen Zeugungsstoffes in sich, von dem immer nur eine winzige Menge — vielleicht ein oder zwei Samenfädchen —, die Samentasche dann verliess, wenn ein weibliches Ei den Ausgang derselben passierte, um in dieses durch ein besonderes Lückensystem der Schale (den Mikropylapparat) einzudringen und dasselbe zu befruchten. Dieser Vorgang dehnte sich infolge der Menge der befruchtenden Substanz auf eine so lange Zeit aus, dass die ersten weiblichen Kinder desselben Weibchens schon vollkommen entwickelt waren, wenn die jüngsten männlichen noch Eier und die jungen weiblichen noch Larven waren.

Aber die älteren Töchterweibchen halfen der Mutter bei der Erziehung bez. Ernährung der Geschwister. Das ist nichts Erstaunliches. Sie hatten weibliche Instinkte, und eine derartige Geschwisterpflege kommt auch sonst vor: bei solchen Vögeln, welche mehrmals im Jahre brüten, ist sie eine gewöhnliche Sache. Es sollte diese Erscheinung indessen nicht ohne eine bedeutsame Folge bleiben. Die Erstlingskinder des Muttertieres wurden von diesem weniger gut und nicht ganz zureichend gepflegt, dasselbe geschah dann weiter seitens der älteren Geschwister mit den nächstfolgenden jüngeren, während sich die beste Verpflegung, da jetzt viel mehr Pflegerinnen vorhanden waren, auf diejenigen weiblichen Individuen konzentrierte, die aus einer letzten Anzahl befruchteter Eier sich entwickelten und etwas länger zur völligen Entwickelung vom Ei bis zum vollkommenen Insekt brauchten als die männlichen Individuen. Daher erscheinen die älteren Weibchen, die man im allgemeinen als Arbeiterinnen bezeichnet, den jüngsten Geschwistern gegenüber kleiner und oft um ein Bedeutendes. Es zeigen sich aber die Folgen ihrer ungünstigen Ernährung noch darin, dass ihre die Fortpflanzungsprodukte liefernden Organe, die Eierstöcke, in der Entwickelung fast bis zum Verschwinden zurückbleiben, weshalb man solche Weibchen auch, freilich nicht ganz richtig, Geschlechtslose oder Neutra nennt. Öfter sind Arbeiterinnen und fortpflanzungsfähige Weibchen im Insektenstaate nicht scharf geschieden: manche der ersteren haben Eierstöcke, welche, wenn auch weit schwächer ausgebildet als die der vollkommenen Weibchen, doch imstande sind, entwickelungsfähige Eier zu liefern, aus welchen aber, da sie, soweit wir wissen, niemals befruchtet werden, nur männliche Individuen auf dem Wege der Jungfernzeugung oder Parthenogenesis hervorgehen können. Somit erscheint, da die Erhaltung und Wohlfahrt des Staates im wesentlichen auf der Gegenwart der Arbeiterinnen und Weibchen beruht, diese Fähigkeit in ihrem Erfolge bedeutungslos und sie dürfte kaum auf eine besondere Anpassung zurückführbar sein, sie ist vielmehr als ein gelegentlich auftretender Rückschlag aufzufassen.

In welchem Grade die Ernährung die Entwickelung der Geschlechtsorgane bei den weiblichen Bienen und gewiss auch Ameisen beeinflusst, können wir aus der Thatsache schliessen, dass bei den Bienen wenigstens, bei denen die Eier, aus denen Arbeiterinnen und Königinnen hervorgehen sollen, gleich in verschiedenartige Zellen gelegt werden, die Arbeiterinnen es in der Gewalt haben, durch bessere Fütterung und Vergrösserung der Zelle die ursprüngliche Arbeiterinlarve so umzustimmen, dass aus ihr eine Königin sich entwickelt. Jedoch darf nicht unerwähnt bleiben, dass es, merkwürdig genug, Ameisenarten gibt, bei denen die fortpflanzungsfähigen Weibchen kleiner als die sterilen sind.

Es kommt schon in dem einfachsten Staate, wie es etwa der der Hummeln und Wespen ist, ein Prinzip zum Ausdruck, ohne das ein Staat überhaupt nicht existieren kann, — das Prinzip der Arbeitsteilung. Neben den Geschlechtstieren treten normalerweise sterile Weibchen auf, deren Bestimmung in erster Linie die Pflege und

Aufzucht der jüngeren Geschwister ist. In dem Maasse aber, wie ein Staat sich weiter entwickelt, namentlich wenn er durch Aufeinanderfolge mehrerer Generationen befruchteter Weibchen von längerer Dauer und zugleich volkreicher wird, genügen bei umfangreicherer und vielseitigerer Arbeit einfache Arbeiterinnen, die alles zugleich leisten, immer weniger. Es soll Nahrung herbeigeschafft, die Wohnung erbaut, erweitert und in stand gehalten und der Staat gegen die Angriffe etwaiger äusserer Feinde verteidigt werden. In den einfachsten Fällen verteilen sich verschiedene Arbeiten auf verschiedene Abschnitte des Lebens ein und desselben Individuums: in der Jugend widmet es sich mehr den häuslichen Beschäftigungen, der Brutpflege oder dem Bauen, später, gewissermassen wenn es erfahrungsreicher geworden ist, tritt es in die Aussenwelt, sucht und schleppt Baumaterial und Nahrungsmittel herbei. Es mögen wohl auch in den Gesellschaften mit ganz gleichbeschaffenen Arbeiterinnen gewisse Individuen zeitlebens diese, andre jene Arbeit verrichten, — das entzieht sich jedoch unsrer Beurteilung, weil die Beobachtung uns nur dann die verschiedenen Kasten deutlich erkennen lässt, wenn uns an diesen die Konsequenzen der Beschäftigung in einseitiger Richtung in den Eigentümlichkeiten des Körperbaues entgegentreten.

Die Gestaltsverschiedenheit oder die Heteromorphie, um es wissenschaftlich auszudrücken, der einzelnen Kasten im Insektenstaate ist, soweit sie nicht bloss die Grösse betrifft, eine höchst merkwürdige Sache. Was sie zu bedeuten hat, ist unschwer zu verstehen, und es erscheint selbstverständlich, dass die Kraft und die Grösse des Leibes sowie die Entwickelung seiner einzelnen Teile den gestellten Anforderungen entsprechen. Wie aber kam das alles zustande? — Das ist das Problem.

Wie in manchen Fällen Arbeiterinnen und fruchtbare Weibchen nicht scharf gesondert, sondern durch Übergänge miteinander verbunden sein können, so können auch die verschiedenen Kasten Endpunkte einer geschlossenen Reihe derartiger Übergänge sein, und wo beides zugleich stattfindet, liegt die Sache verhältnismässig einfach. Wir haben es dann vom fortpflanzungsfähigen Weibchen bis zur abweichendsten, äussersten Arbeiterinform mit einer kontinuierlichen Folge von Varietäten zu thun, die gemeinsame Eigenschaften in verschiedenem Grade der Ausbildung zeigen. Diese Eigenschaften besitzen auch, allerdings gleichfalls wieder in einem andern Grade der Ausbildung, die fortpflanzungsfähigen Weibchen und sie vererbten dieselben in ungleichem Umfange auf ihre Nachkommen. Nun fängt aber die geschlossene Reihe der Formen an gelockert zu werden, es bilden sich nach und nach sehr verschiedenartige, in bestimmter Richtung und an bestimmte Leistungen angepasste Individuen mit konstanten Charakteren heraus. Diese besitzen aber doch, als steril oder als höchstens auf parthenogenetischem Wege Männchen erzeugend, nicht die Fähigkeit, ihre selbständig erworbenen Eigenschaften auf eine Nachkommenschaft zu übertragen, und so sehen wir die wunderbare Erscheinung, dass nicht die Töchter den Müttern, sondern die Nichten den Tanten gleichen, dass Charaktere sich continuirlich erhalten, welche niemals in der Reihenfolge der Vorfahren selbst, sondern von deren nicht zur Fortpflanzung gelangenden Geschwistern erworben wurden.

Am leichtesten wäre dies Problem zu lösen, wenn sich der Nachweis führen liesse, dass die verschiedenen Arbeiterinnenformen immer männliche Jungfernkinder zur Welt brächten und dass jede von diesen, im Äusseren zwar gleichen, der Abstammung nach aber verschiedenen Sorten von Männchen je ein Weibchen, oder ihrer mehrere eins gemeinsam hintereinander befruchteten. Dann käme das Gesetz der latenten Vererbung in Betracht, dessen Kraft in der bekannten, auch bei Menschen häufig genug zu beobachtenden Thatsache, dass die Enkel den Grosseltern aber nicht den Eltern gleichen, ihren Ausdruck findet. Dieser Nachweis lässt sich aber nicht führen, ja die Sache ist, namentlich wenn wir die später zu erörternden Vorgänge bei der Begattung der Ameisen berücksichtigen, wenig wahrscheinlich. Eine zweite sehr geringe Möglichkeit wäre die, dass ursprünglich alle Arbeiterinnenformen in der Gestalt, wie wir sie jetzt kennen, befruchtungsfähige Weibchen gewesen wären und dass nach mannigfachen Verschwägerungen aller dieser Formen endlich die jetzigen befruchtete Eier legenden Geschlechtsindividuen übrig geblieben wären, die also etwas von dem Blute aller Ahnen in sich hätten, das in den verschiedenartigen Kasten der sterilen Nachkommenschaft immer wieder voll zum Ausdruck käme. Drittens könnte man annehmen, dass die fütternden Arbeiterinnen, wie sie wirklich durch Art der Pflege bei den Bienen aus ursprünglichen Larven ihrer Form Königinnen zu erzielen vermögen, auch die verschiedenen Kasten bestimmen könnten. Dann wäre freilich die absolute Gleichheit der Individuen einer Kaste und der scharf durchgeführte Unterschied der Individuen verschiedener Kasten etwas höchst

Wunderbares. Vielleicht, dass die zweite und dritte Möglichkeit Wirklichkeiten sind und dass von den in der Larve schlummernden ererbten Eigenschaften durch die Art der Pflege gewisse auf Kosten anderer ausgebildet werden. Jedenfalls ist der Vorgang ein äusserst verwickelter.

Was nun speziell die Arbeitsteilung in den Staaten der Ameisen angeht, so hat sie hier zur Bildung mindestens dreier Arten von Individuen geführt: von Weibchen, Männchen und Arbeiterinnen. Die ersten sind beim Verlassen der Puppe immer, die zweiten meistens und die dritten niemals geflügelt, auch dann nicht, wenn sie die Fähigkeit parthenogenetischer Fortpflanzung besitzen. Die Weibchen und Arbeiterinnen sind immer im Besitze eines Giftapparates am hinteren Leibesende, der entweder mit einem Stachel verbunden oder ohne solchen ist. Die Männchen erfreuen sich keines ähnlichen Organes.

Im allgemeinen besitzen die Ameisen keine besonders ausgezeichneten Körpereigenschaften, es sind schlichte Geschöpfe: „ingenium formicae male habitat", „der Geist der Ameise haust in einem geringen Gefäss" bemerkt der alte Augsburger Jeremias Wilde, eine Äusserung des Laelius über den Redner Galba parodierend. Ihre Farbe bewegt sich in allen Nüancen des Chitins, welches bekanntlich die Panzer der Insekten bildet, von hellgelb bis tiefbraunschwarz, einige tropische Formen haben ein grünes Kolorit. Manche Arten sind von einem lebhaften Glanze, während andere durch eine zarte Behaarung matt erscheinen. Ihre Grösse schwankt von wenigen Millimetern bis zu 3 Zentimetern, also sind selbst die Riesen der Sippe, welche bloss die Tropen bewohnen, anderen Insekten gegenüber immer noch kleine Tiere. Der Kopf ist bei den Ameisen von recht verschiedener Grösse und namentlich bei gewissen Kasten verhältnismässig ungeheuer entwickelt und immer ist sein vermehrter Umfang mit einer entsprechenden Vergrösserung der Kiefer verbunden, jener ist überhaupt eine Folge dieser. Denn die Kiefer sind nicht bloss Friedensinstrumente der Ameisen, sie bilden auch einen Teil ihrer Bewaffnung, ja sie haben bei jenen grossköpfigen Arbeiterinnenkasten, welche man Soldaten nennt, nur noch diese Bedeutung. Eine solche tierische Waffe muss, um ihren Zwecken genügend dienen zu können, von entsprechenden Muskeln bewegt werden. Nun entspringen aber bei den Gliedertieren die Muskeln nicht wie bei den Wirbeltieren auf der Aussenseite der Skeletteile, sondern von deren

Innenseite: der Panzer ist nicht nur eine schützende Hülle, er ist auch der feste und sozusagen passive Teil des Bewegungsapparates. Die Kapseln, welche er um Kopf, Brust, Hinterleib und um die einzelnen Abschnitte der Gliedmassen bildet, müssen eine um so grössere Innenseite besitzen, je stärkere Muskeln hier entspringen und so deutet der grosse Kopf des Soldatenstandes bei den Ameisen durchaus nicht etwa auf eine höhere Intelligenz, sondern nur auf vermehrte rohe Kraft.

Vorn am Kopfe befinden sich die beiden geknickten Fühler, wichtige Gebilde, welche, wie wir sehen werden, nicht bloss als Sinnesorgane für das einzelne Individuum, sondern auch in andrer Weise im Staatenleben unserer Tiere eine bedeutungsvolle, ja unentbehrliche Rolle spielen. Der Kopf trägt weiter die Augen, welche meist nach den Kasten gewisse Unterschiede aufweisen. Die meisten ausgebildeten Insekten besitzen zweierlei Arten von Augen: die sogenannten einfachen oder Nebenaugen, meist in der Dreizahl auf der Stirn zwischen den Fühlern gelegen, und die seitlichen weit umfangreicheren, aus einer sehr verschiedenen Anzahl von Facetten bestehenden zusammengesetzten Augen. Die Weibchen und Männchen der Ameisen haben immer beide Arten von Sehorganen, bei den Arbeiterinnen fehlen die Nebenaugen nicht selten und auch in der Zahl der Facetten, aus denen sich die seitlichen Augen zusammensetzen, finden sich nicht unerhebliche Unterschiede, immer aber so, dass die Männchen den Weibchen und diese den Arbeiterinnen gegenüber in der Ausbildung derselben im Vorteile sind. So besitzen nach Forel die männlichen Individuen bei der gemeinen Rasenameise (Formica pratensis) 1200, die weiblichen 830, die sogenannten geschlechtslosen 600, bei der herumschweifenden (Tapinoma erraticum) in derselben Reihenfolge 400, 260, 100 und bei Solenopsis fugax über 400, 200 und 6—9. Interessant sind die Verhältnisse der Entwickelung der Sehorgane bei den Arbeiterinnen verschiedener Arten der südamerikanischen Gattung Eiton. Diese haben abweichend von unsern Arbeiterameisen niemals Facettenaugen, wohl einfache, aber in ungleichem Grade der Ausbildung, der jedoch immer gewissen Lebensgewohnheiten entspricht. Die Eiton-Arten machen grosse Raubzüge, die einzelnen bewegen sich aber dabei nicht in derselben Weise: die Mehrzahl zieht offen, wenig behindert durch das Tageslicht, andere vermeiden dasselbe. Die ersteren besitzen vollkommen ausgebildete, frei liegende einfache Augen mit allen charakteristischen

Teilen, bei den letzteren ist das nicht der Fall. So sind bei dem das Licht vermeidenden Eciton crassicornis — welcher unter Blättern daherzieht, wenn er indessen freie Stellen betreten muss, aus lockerer Erde mit fabelhafter Geschwindigkeit gedeckte Gänge baut, unter welcher die Schar einherwandert — Nebenaugen zwar noch vorhanden, liegen aber in tiefen Höhlen. Bei dem ganz lichtscheuen E. vastator sind die Augen verschwunden, aber ihre Höhlungen noch deutlich sichtbar und bei dem vielleicht gegen die Helligkeit noch empfindlicheren E. erraticus sind Auge und Augenhöhle nur durch einen dunklen Ring angedeutet. Diese sehr interessanten Thatsachen entsprechen genau denjenigen, welche wir an der Beschaffenheit der Augen von Höhleninsekten und Tiefseekrebsen beobachten können, wo auch entsprechend der grösseren Tiefe des Vorkommens im Innern der Höhle oder im Meere eine entsprechende Reduktion des Sehorganes bis zum endlichen Verschwinden eintritt.

Auf den Kopf folgte der zweite Abschnitt des bei allen Insekten der Länge nach dreiteiligen Körpers — das Bruststück oder der Thorax, er trägt die beiderlei Bewegungsorgane, unten die drei Beine, oben die beiden Flügelpaare. Die Flügel der Ameisen sind gross, aber wenig kräftig und vermitteln keinen sehr raschen, selbstbewussten Flug, spielen auch nur einmal im Leben der Tiere eine Rolle, beim Hochzeitsfluge nämlich, und mit dieser Thatsache steht im engsten Zusammenhange, dass sie bei den Arbeiterinnen vollständig verloren gehen konnten. Bei der Ökonomie, wie sie uns im Bienenstaate entgegentritt, ging das nicht an, denn gerade auf dem Flug der Arbeiterinnen beruht hier die Erhaltung der bestehenden und die Gründung der neuen Kolonie. Die Ameisen indessen suchen ihre teils pflanzliche, teils tierische Nahrung auf dem Boden oder auf Pflanzen, zu denen sie kletternd leicht gelangen können, und finden, da sie sich betreffs ihres Futters weit vielseitiger als die Bienen angepasst haben, in der Nähe ihrer Heimstätte viel leichter als diese ihren gedeckten Tisch. Weiter aber, und das ist der Kernpunkt, wohnen sie mit wenig Ausnahmen hauptsächlich in der Erde, in engen Räumen, welche sie selbst gegraben haben. Beim Verfertigen und beim Bewohnen solcher Bauten wären Flügel, die mit Rücksicht auf andre Bedürfnisse nur wenig nützlich sein konnten, blos hinderliche Anhängsel gewesen, die zu weit grösserem Vorteile eingebüsst wurden. So sehen wir denn auch, dass die Weibchen, wenn sie nach dem Hochzeitsfluge freiwillig oder gezwungen ihren Wohnsitz im Boden aufschlagen, ihrer Flügel verlustig gehen. Die in der Gegenwart flügellosen Arbeiterinnen zeigen ihre ursprünglich weibliche Natur unter anderm übrigens auch darin, dass sich in ihrem Puppenstadium Flügel anlegen, bis zu einem gewissen Punkte auch weiter entwickeln, schliesslich freilich durch Rückbildung verschwinden.

Die merkwürdige Folge einer merkwürdigen Lebensweise ist beiläufig die Flügellosigkeit der männlichen Individuen der Gattung Anergates. In der Regel doch sehen wir, dass bei den Insekten, wenn nur eins der Geschlechter geflügelt ist (Spinner, Spanner, Kleinschmetterlinge, Johanniswürmchen, Schildläuse u. s. w.), dies das männliche ist. Eine ähnliche Ausnahme wie bei der Ameisengattung Anergates findet sich bei dem bekannten Caprifikationsinsekt, der Feigenwespe.

Mit dem Brustteile vereinigt sich der Hinterleib, das Abdomen und zwar durch ein so zartes Verbindungsstück, dass es fast unbegreiflich ist, wie Speiseröhre, Blutgefäss, zentrales Nervensystem und ausserdem noch eine Anzahl Muskelchen darin Platz haben — die Ameisen geben betreffs ihrer Taillen den Wespen durchaus nichts nach. Es setzt sich das Abdomen bei den Männchen aus sechs, bei den Weibchen und Arbeiterinnen äusserlich bloss aus fünf Ringen zusammen, was seine interessanten Gründe hat. Die ausgebildeten und, wenn sie vorkommen, auch die unausgebildeten weiblichen Individuen einer grossen Gruppe der hautflügeligen Insekten besitzen am hinteren Leibesende eine Waffe in Gestalt eines mit einer Giftdrüse verbundenen Stachels. Dieser Apparat ist nun in seiner Grundlage durchaus nichts Neues, jenen Insekten ausschliesslich Zukommendes, es ist vielmehr nur eine in besonderer Richtung wirkende Umbildung von der ganzen Sippe ursprünglich eigentümlichen Teilen. Äusserst selten, vielleicht würde sich, wenn wir die ganze Tierreihe überschauen könnten, herausstellen: nie, tritt irgend ein Organ plötzlich und ohne Zusammenhang bei einem Geschöpfe auf: es mag oft genug sehr eigenartig gebaut sein und sehr besonderen physiologischen Leistungen dienen, immer aber stellt es sich als Modifikation von etwas auch bei verwandten Gruppen Vorhandenem heraus, — es ist immer nur Variation einer Grundmelodie. Wenn diese Behauptung allgemein wahr ist, muss sie auch für den Stachel der wehrhaften Hymenopterenformen gelten, und dies zu beweisen, ist der Forschung in der That gelungen.

Durch eine Reihe wichtiger Thatsachen entwickelungsgeschichtlicher und anatomischer Natur sind wir zu der Annahme berechtigt, dass das Urgliedertier ein ringelwurmartiges Wesen war, welches aus einer bedeutenden Anzahl von Ringeln, Körperabschnitten oder Segmenten bestand. Diese Segmente waren, abgesehen vom ersten und letzten durch die Mund- und Afteröffnung mit der Aussenwelt in Verbindung stehenden, innen und aussen vollkommen gleich gebaut, jedes trug rechts und links einen oberen und einen unteren Anhang. Infolge der Arbeitsteilung jedoch verloren die Segmente die Fähigkeit, samt und sonders das Gleiche zu leisten, womit sich ihr Bau änderte und die mit gleicher oder doch verwandter Thätigkeit, welche der Natur der Sache nach unmittelbar hintereinander gelegen haben werden, traten gruppenweise zusammen und bildeten die Regionen des Körpers. Eine Anzahl (fünf bis sechs) vereinigten sich bei den Insekten zur Bildung des Kopfes und aus ihren paarigen seitlichen Anhängen, — wahrscheinlich indessen nur aus den unteren, während die oberen in Verlust gerieten. — gingen Fühler, Augen und Fressorgane hervor. Die nächstfolgenden drei bildeten zusammen die Brust, ihre unteren Anhänge wurden zu Beinen, von ihren oberen erhielten sich bloss das zweite und dritte Paar und lieferten die Vorder- und Hinterflügel. Der Rest der Segmente verringerte sich bei den Insekten etwas an Zahl, verlor bei den ausgebildeten fast alle seine Anhängsel und stellte vereinigt den Hinterleib dar. Bei denjenigen Insekten, welche, wie z. B. die Ameisen, eine vollkommene Verwandlung durchlaufen, zeigen die Larven wesentlich andere Verhältnisse in der Entwickelung und, wenigstens für den ersten Blick, auch in der Zahl der Segmente als die vollkommenen Tiere. Die letztere scheint nämlich bei jenen bedeutender zu sein als bei diesen, denn die zwei hintersten treten bei den ausgebildeten Männchen und die drei hintersten bei den ausgebildeten Weibchen und Arbeiterinnen in das Innere des Leibes: das äusserste Segment der Larve umschliesst den Enddarm des vollendeten Insekts, das vor- und drittletzte treten unter Wiedererscheinen ihrer seitlichen Anhänge in Beziehung zu den Fortpflanzungsorganen. Bei vielen weiblichen Insekten (Fliegen, Heuschrecken u. s. w.) bilden sie und ihre seitlichen Anhänge die Legeröhre oder den Ovipositor. Bei den Blattwespen bildet der Eileger einen kurzen Sägeapparat, mittels dessen das legebedürftige Weibchen die Haut der Blätter anritzt und in diese so entstandene Tasche das Ei hineingleiten lässt. Bei den Holzwespen ist er, da diese Tiere ihre Eier in Holz legen, länger und tritt nicht bloss beim Gebrauche, sondern immer frei zu Tage. Auch bei den Gall- und Schlupfwespen sind nicht alle Teile des Legeapparates in das Innere des Leibes eingeschlossen. Der eigentliche Bohrer oder Stachel, namentlich bei solchen Schlupfwespen, welche ihre Eier in die im Holze hausenden Larven ablegen, kolossal entwickelt, präsentiert sich dem Beschauer auf eine oft gefahrdrohende Art und Weise, aber es hat keine Not damit. Gerade bei den Hymenopteren, bei welchen der Stachel offen zur Schau getragen wird, ist er, er mag so lang und spitz sein wie er will, keine Waffe, sondern steht nur in unmittelbarem Dienste der Fortpflanzung. Anders wird die Sache schon bei den Grabwespen, und bei den gesellschaftlich lebenden Hymenopteren hat er sich in mittelbarem Interesse der Erhaltung der Art zu einer so furchtbaren Waffe umgewandelt, welche gar wohl imstande ist, die Feinde des Staatswesens in gehörigem Respekt zu halten. So wurde der Sägeapparat der weiblichen Blattwespe, so gut wie der Giftstachel der fortpflanzungsunfähigen Bienenarbeiterin, zum Vorteile der Nachkommenschaft, das eine Mal freilich zum unmittelbaren, das andere zum mittelbaren erworben, während die männlichen Hautflügler niemals im Besitze einer ähnlichen Vorrichtung sind. Bei ihnen bildet sich das letzte Larvensegment zum Ringe des Afters wie beim Weibchen um, von dem vorletzten treten Teile an den Begattungsapparat, andere verbinden sich mit dem drittletzten, der hier nicht in das Leibesinnere eingeschlossen wird, so dass wir also an dem Abdomen der männlichen Hymenopteren ein Segment mehr zählen als am weiblichen.

Sehr allgemein sind an den Ausführungsgängen der Geschlechtsorgane bei den Tieren gewisse Drüsen vorhanden, welche in mannigfache Beziehung, namentlich als Kitt oder Leim zur Befestigung absondernd, zu den Eiern treten. Derartige Drüsen besitzen auch die weiblichen Hautflügler. Bei den Blattwespen scheiden sie eine Substanz ab, mittels welcher die Eier in dem Grunde der in die Blätter geschnittenen Taschen festgekittet werden. Ihre Bedeutung und Entwickelung scheint bei den Schlupfwespen keine sehr grosse zu sein, bei manchen werden sie indessen auch hier die Rolle natürlicher Leimtöpfchen spielen, da viele die Gewohnheit haben, ihre Eier nicht in die Schlachtopfer zu legen, sondern sie auf die Haut derselben zu kleben, ja manche tragen sie mit Stielchen an der Unterseite des Bauches befestigt eine Zeitlang mit sich herum. Bei den Gallwespen sondern die betreffenden Drüschen allerdings auch eine

Feuchtigkeit ab, welche indessen nach neuern Untersuchungen kaum jenes vermehrte, in einer bestimmten Weise vor sich gehende Wachstum des Parenchyms der gestochenen Pflanze und damit die Entstehung charakteristischer Gallen veranlasst. Bei den Grabwespen wird jener Saft zu einem furchtbaren Gifte, das die angestochenen, den Jungen zur Nahrung gefangenen Beutetiere sofort tötet, oder mittels des Stiches einer bestimmten Stelle des zentralen Nervensystems beigebracht auf eine geradezu unheimliche Art lähmt und so doch noch in unmittelbarer Verbindung mit der Brutpflege bleibt.

Bei den geselligen Hautflüglern ist das Sekret der entsprechenden Drüsen blos ein die Gefährlichkeit geschlagener Wunden vermehrendes Gift, das in der Sippe der Hummeln, Wespen, Bienen und bei einem Teile der Ameisen (den stacheltragenden Myrmiciden) mit dem zum Dolche umgeformten Ovipositor verbunden ist. Die zweite Gruppe der Ameisen (die der Formiciden) besitzt keinen Stachel; jene Teile, welche denselben bei den anderen Hymenopteren bilden, sind klein und schwach und nahezu verkümmert, dafür ist aber der Giftapparat verhältnismässig ins Ungeheure vergrössert und das Gift entsprechend vermehrt. Dasselbe wird aber dem Feinde ganz anders beigebracht, indem es nicht mehr wie bei den Myrmiciden bei jedem Stiche in einer von dem Tiere nicht bestimmbaren Menge mechanisch abfliesst, sondern nach dem mit den Kiefern geschehenen Bisse in die so entstandenen Wunden willkürlich und wohl auch in willkürlich bestimmter Quantität mittels des nach vorn gekrümmten Hinterleibes eingespritzt wird.

Die Formiciden bedienen sich indessen ihres Giftes auch ohne vorher gebissen zu haben, indem sie es ihren Gegnern auf verhältnismässig beträchtliche Entfernungen entgegenschleudern. Belästigt man eine volkreiche Stadt der roten Waldameise, indem man z. B. mit der flachen Hand darauf schlägt, so steigen die Giftstrählchen wie ein feiner Sprühregen 12 Decimeter hoch und mehr empor, was für Zuschauer, namentlich bei gewissen Stellungen, indem sie etwa den Haufen zwischen ihre Augen und die untergehende Sonne bringen, ein merkwürdiges Schauspiel ist. Gewisse Arten (z. B. Tapinoma erraticum) lassen das Gift bloss am Hinterleibsende als schaumiges Bläschen hervortreten, erzielen aber damit bedeutende Erfolge. Wenn sich irgend eine gleichgrosse mit Giftstachel ausgerüstete Art, etwa Tetramorium caespitum, mit aufgesperrten Kiefern dem Tapinoma drohend naht, so wendet dieses

dem Kopfe des Feindes das Hinterleibsende, an dem das Tröpfchen
auftritt, zu und derselbe macht nach den Beobachtungen Forels
sofort kehrt: es muss also in diesem Falle der blosse Geruch schon
so heftig wirken, dass er das Tetramorium, ein gut bewaffnetes,
sonst auch tapferes Tier, einschüchtert und zurückschreckt. Erhält
dasselbe gar ein wenig von jener infernalen Flüssigkeit auf seinen
Kopf oder auf seine Brust, so zeigt es alle Spuren lebhaftester
Reaktion: es reibt sich den begossenen Teil, fängt an zu torkeln,
stürzt zusammen, wälzt sich auf dem Boden und liegt endlich wie
tot da.

Das unter dem Namen der Ameisensäure bekannte Gift der
Ameisen dürfte bei den verschiedenen Arten gewiss etwas verschieden zusammengesetzt sein, denn diese Tiere haben durchaus
nicht einen Geruch und auch die gleiche Quantität Gift scheint nach
den Spezies ganz verschiedene Erscheinungen bei den damit in
Berührung gekommenen Geschöpfen hervorzurufen. Auf der
menschlichen Haut erregt, namentlich bei empfindlichen Personen,
Kindern, Frauen u. s. w., die Ameisensäure ein von Röte begleitetes
heftiges Jucken und ist der Ameisenspiritus ein bekanntes und be-
liebtes Mittel, um gelinden Hautreiz zu erzielen. Auch Ameisen-
bäder macht man aus denselben Gründen, wobei ganze Haufen von
der roten Waldameise, Bewohnerinnen, Tannennadeln, alleszusammen
in das heisse Wasser geworfen werden. Manche Leute essen oder zer-
beissen wenigstens rote Waldameisen und rühmen sie als äusserst aro-
matisch und erfrischend. Gewiss ist es, dass ein Taschentuch, welches
man an einem heissen Sommertag über einen wimmelnden Ameisenhaufen ausgebreitet hatte, noch stundenlang einen höchst erquicken-
den und belebenden Duft ausströmt. Auch die Hirsche kennen und
schätzen den labenden Geruch, welchen die Ameisen entwickeln:
gern zerscharren sie die Haufen und ziehen mit weiten Nüstern
das pikante Odeur ein.

Eins bliebe nur noch über den Hinterleib der Ameisen, wenigstens über denjenigen der Arbeiterinnen und weiblichen Individuen
zu erwähnen übrig: das ist die grosse Dehnbarkeit der zwischen den
festeren, oberen und unteren, die Segmente bildenden Stücken und
zwischen den Segmenten selbst befindlichen Haut, obgleich sie
sich mit derjenigen, welche dieselbe bei weiblichen Termiten erreicht,
noch nicht vergleichen lässt. Immerhin aber erreicht infolge der
Entwickelung der Eier im Innern der Hinterleib befruchteter Weib-

chen einen 20 bis 30 mal grösseren Umfang als bei jungfräulichen Individuen. Auch bei den Arbeiterinnen mancher Arten geht eine bedeutende Schwellung vor sich, welche indessen, wie wir bald sehen werden, durch andere Ursachen bedingt wird.

Von den inneren Strukturverhältnissen des Ameisenleibes wollen wir nur des Baues des Gehirns gedenken, welcher, wie wir namentlich durch die Untersuchungen Leydigs wissen, eine Reihe ganz hervorragender Eigentümlichkeiten aufweist. Das Hirn der Insekten liegt im Kopfe oberhalb des Anfangsteiles der Speiseröhre und besteht aus zwei seitlichen Massen (Oberschlund-Ganglion), die durch eine Brücke von Nervenfasern (Querkommissur) miteinander verbunden sind. Eine andere Nervenverbindung schlägt sich rechts und links um den Schlund nach unten und bildet, indem sie sich hier mit einem dritten Ganglion (dem Unterschlundganglion) vereinigt, um den Anfang der Speiseröhre einen Nervenring (den Schlundring). Die Oberschlundganglien stellen nun das Gehirn dar und sie sind bei den sozialen Hautflüglern, aber auch allerdings bei einigen anderen, die wie Grab- und Schlupfwespen in der Sorge für ihre Brut besondere kluge Gewohnheiten entwickeln, weit komplizierter gebaut als bei anderen, z. B. Blattwespen. Während bei diesen ihre Oberfläche glatt ist, zeigen sie bei den Ameisen je zwei, also im Ganzen vier, nach vorn offenstehende Uförmige Wülste. Es handelt sich also um eine Vermehrung der Oberfläche des Gehirns, ähnlich wie bei den höhern Säugetieren (windungshirnige oder Gyrencephalen) gegenüber den niedern (glatthirnigen oder Lyssencephalen). Auch diese höhere Entwickelung des Hauptteiles des zentralen Nervensystems ist bei den Ameisen (und Bienen) eine Folge der Vereinigung in Staaten, also mittelbar der Brutpflege, womit es gut passt, dass die männlichen Individuen, welche sich an diesem Geschäfte nicht beteiligen, auch weit kürzer leben, also etwaigen, die geistigen Fähigkeiten steigernden Einflüssen viel weniger unterliegen und seit vielen Generationen unterlegen sind, auch eine geringere Entwickelung des Gehirns aufweisen. Wenn wir das Verhältnis der Hirnmasse zur Körpermasse bei den Ameisen mit dem bei andern Insekten, dem gemeinen Schwimmkäfer etwa, vergleichen, so werden wir entsprechend der Übung und Leistungsfähigkeit dieses Organs ganz beträchtliche Unterschiede finden. Es verhält sich die Gesamthirnmasse bei der Ameise zur Körpermasse wie etwa 1 zu 191, beim Schwimmkäfer (Dyticus) hingegen wie 1 zu 4200!

Zugleich erscheinen auch bei den Ameisen die Sinne gut und namentlich gleichmässiger entwickelt zu sein, als bei vielen anderen Insekten. Dass das Auge bei manchen Arbeiterinnen, welche nie an das Tageslicht gelangen, ganz rückgebildet, bei andern, welche meist im Dunkeln sich aufhalten und bloss an versteckten Orten sich herumtreiben, nur gering entwickelt ist, darf nicht verwundern. Bei andern, welche wie die Wald- und Holzameise (Formica und Camponotus) in hellem Tageslicht und bei vollem Sonnenschein ihrer Arbeit nachgehen, besteht jedes Auge aus 500 bis 600 Facetten. Freilich meint Forel, bei der Waldameise müsse sich das beste Sehvermögen, welches sie unter allen einheimischen Formen besitzt, gewissermassen auf Kosten ihrer andern Sinne entwickelt haben, da diese dem Betragen der Tiere nach — die sich plump und ungeschickt bewegen, sich fortwährend stossen, zehnmal an einem Dinge, das sie suchen, vorbeilaufen, bevor sie es bemerken, — sehr stumpf sein müssten. Die Fähigkeit der Ameisen, Farben warzunehmen und zu unterscheiden, ist eine bedeutende, wenn auch die höchst überraschenden Untersuchungen Lubbocks, aus denen hervorgeht, dass diese Tiere Farbenstrahlen zu empfinden vermögen, die für die Augen des Menschen nicht mehr existieren, mehr von physiologischem Interesse sind und uns für die Lebensgewohnheiten der Tiere keine Fingerzeige geben. Schimper hat indessen neuerdings experimentell nachgewiesen, dass sie wenigstens zum Teil sich beim Aufsuchen ihrer Nahrung nicht von ihrem Geruche, sondern von ihrem Auge leiten lassen, ohne indessen eine Vorliebe für besondere Farben zu verraten, wie dieselbe bei Honigbienen konstatiert wurde. Er nahm Papierstückchen verschiedener Farbe, bestrich eine Anzahl derselben mit Zuckerlösung, andere nicht, legte sie so, dass die Ameisen sie leicht wahrnehmen konnten und gewöhnte sie nach und nach an deren Besuch. Der Erfolg war der, dass sie auf alle abweichend von der Umgebung gefärbten Papierstückchen zuliefen, sobald sie dieselben erblickten, einerlei ob dieselben mit der süssen Kost versehen waren oder nicht.

Und doch muss die Fähigkeit, Gerüche wahrzunehmen, bei den Ameisen eine grosse sein und sie scheint in dem Staatenleben derselben eine bedeutende Rolle zu spielen. Es ist bekannt, und jeder, der einmal eine im Freien gelegene Wohnung bewohnt hat, wird sich zu seinem Verdrusse schon davon überzeugt haben, in wie hohem Grade Ameisen durch allerlei Süssigkeiten, eingemachte Früchte,

Honig, Syrup und dergl. angezogen werden. Die Tierchen konnten die Substanzen unmöglich sehen, aber dennoch wussten sie dieselben mit Sicherheit zu finden: nur ihr Geruchsorgan, das seinen Sitz höchst wahrscheinlich in den Fühlern hat, konnte der Wegweiser gewesen sein. Forel brachte einmal ein Nest von der grossen Rossameise (Camponotus herculeanus) in sein Zimmer, in welchem die Tiere hin und her liefen, immer aber zu ihrer Behausung zurückkehrten. In dem nämlichen Zimmer bewahrte der schweizer Forscher auch einen aus Gyps hergestellten Zwinger, in welchem er ein Volk einer kleinen braungelben Ameise (Strongylognathus testaceus) mit etwas Honig, der zu ihrer Nahrung diente, aufbewahrte. Die Rossameisen entdeckten den Honig sehr bald, obwohl jede Möglichkeit, dass sie ihn hätten sehen können, ausgeschlossen war und nagten sich durch die Wand des Zwingers wiederholt während der Nacht einen Zugang.

Doch welche Rolle spielt etwa der Geruch im Staatenleben unsrer Tiere? — Die Ameisen sind äusserst kriegerische Geschöpfe und die Mehrzahl greift ohne weiteres auch Individuen ihrer Art aber aus einem andern Neste an. Nun sind aber manche Nester ungeheuer volkreich. Adlerz berechnet die Bewohnerzahl eines grossen Nestes (von 7.65 m Bodenumfang und 1,1 m Höhe) der roten Waldameise auf rund 502,000 Individuen. Mac Cook fand in der Prairie auf einem Raum von 450 Quadratmeter 1300—1800 Kolonien oder Nester von Formica exsectoides, welche alle einem einzigen Volke angehörten, untereinander in Rapport standen und sicher von vielen Millionen von Ameisen bewohnt wurden. Wilhelm Müller schätzt die Individuenzahl, welche die Züge der Visitameise (Eciton hamatum) zusammensetzt, auf mehrere Hunderttausend. Niemals indessen hat man bei unseren Arten irgend welchen Streit zwischen den Bewohnern einer und derselben Stadt beobachtet und offenbar kennen alle einander. Ja, mehr! — die braunschwarze Ameise (Formica fusca) erkannte Mitbürgerinnen nach einer (künstlich hergestellten) Trennung von $1^{3}/_{4}$ Jahren wieder und begrüsste sie als Freundinnen.

Wie und Woran erkennen sich die Tierchen? — Sir John Lubbock sagt: „dass das Erkennen der Ameisen kein persönliches und individuelles ist, dass die Harmonie nicht darauf beruhe, dass jede Ameise individuell mit jedem anderen Gliede des Volkes bekannt wäre." Sicher nicht und eigentlich hat auch niemals jemand das

2*

Gegenteil von Sir Johns Ansicht behauptet. Früher glaubte man jeder Stock habe eine besondere Parole oder ein Zeichen, wodurch sich die persönlich nicht miteinander bekannten Angehörigen eines Nestes erkennen sollten, jetzt neigt man sich allgemein mehr der Meinung zu, dass jedes Nest einen besonderen Geruch habe, der sich auf alle Mitbürgerinnen übertrüge und so das gegenseitige Erkennen derselben vermittle. Noch sind die Akten über diese Frage nicht geschlossen, noch stehen sich die Ansichten gleich bewährter Forscher schroff gegenüber.

Lubbock experimentierte auf die verschiedenste Art und Weise um den Schleier dieses Geheimnisses zu lüften. Zunächst gelang ihm der Nachweis, dass solche Ameisen, welche als Puppen aus dem Neste entfernt und als ausgebildete Insekten in dasselbe zurückgebracht worden waren, doch als Freunde erkannt wurden, was der Annahme eines besonderen Erkennungszeichens, das ja die Ameisen als Puppen und Larven nicht hätten kennen lernen können, direkt widerspräche. Dann machte er 93 Stück der gelben Ameise (Lasius flavus) sinnlos betrunken; von dieser Zahl waren 41 aus dem einen, 52 aus einem anderen seiner von einem kleinen Wassergraben (um das Entweichen der Bewohner zu verhindern) umgebenen Kunstnester. Beide Parteien zeichnete er mit zweierlei Farbenfleckchen und brachte sie zusammen zu dem Neste, aus welchem die 41 trunken gemachten stammten. „Die gesunden Ameisen" bemerkt Lubbock „schienen einigermassen verdutzt darüber, ihre berauschten oder betrunkenen Mitgeschöpfe in einem so unanständigen Zustande zu finden, nahmen sie auf und trugen sie eine Zeit lang in ziemlich planloser Weise herum." Das Ende der Sache war indessen, dass sie von ihren 41 Mitbürgerinnen 32 ins Nest schafften und 9 in das Wasser warfen, von den 52 fremden aber 43 in den Graben brachten und nur 9 in das Nest transportierten, in kurzer Zeit aber 7 von diesen (vielleicht alle!), da sie wahrscheinlich ihres Irrthums gewahr geworden waren, wieder aus ihrer Stadt entfernten. Auch diese Thatsachen beweisen, dass eine Erkennungsparole bei den Ameisen nicht vorhanden ist, denn die betrunkenen hatten einen so schweren Rausch, dass sie ohne Besinnung waren. Die Frage aber wodurch Ameisen eines Nestes sich erkennen, lässt Lubbock offen. zwei andere Forscher, Mac Cook und Forel, sind jedoch der Lösung dieses Problems näher getreten und sind zu ähnlichen Resultaten und derselben Schlussfolgerung gelangt, nämlich dass die

Ameisen eines Nestes denselben, blos ihnen eigenen Geruch, den Forel „odorat au contact" nennt, hätten und an diesem sich zu erkennen vermöchten.

Mac Cook beobachtete, dass gebadete Ameisen von ihren Mitbürgerinnen zunächst nicht erkannt, sondern als Feinde behandelt wurden, Lubbock teilt hingegen von ihm gemachte Erfahrungen mit, welche das Gegenteil zu beweisen scheinen. Nämlich in dem Falle von Mac Cook handelte es sich um eine Ameise, welche sofort nach ihrem Bad mit ihren Mitbürgerinnen wieder in Berührung kam, Lubbock aber brachte die seinigen immer erst mindestens 12 Stunden nach der Abwaschung wieder in ihr Nest zurück. Nun wird aber der Geruch vermutlich auf dem Abscheidungsprodukte besonderer Drüschen, wahrscheinlich der bei Insekten so weit verbreiteten einzelligen Hautdrüschen beruhen und es lässt sich sehr wohl verstehen, dass unmittelbar nach gehöriger Behandlung mit Wasser dieses Abscheidungsprodukt von der Körperoberfläche abgewaschen ist, dass es aber bald wieder auftritt und mit ihm der Geruch.

Ein andermal nahm Mac Cook eine Anzahl von Tetramorium caespitum aus zwei verschiedenen Nestern, welche feindlich aneinander gerathen waren und eifrig kämpften, that sie mit lockerer Erde in ein Glas und schüttelte alles tüchtig durcheinander, sodass die Insekten einzeln in der Erdmasse zu liegen kamen. Die Ameisen krochen bald aus dem Boden hervor, um sogleich wieder miteinander zu fechten und waren bald mit der alten Leidenschaft bei dem Geschäft. Da warf Mac Cook eine mit Eau de Cologne angefeuchtete Kugel Fliesspapier in das Glas und erzielte damit einen überraschenden Erfolg. Die Gesundheit der Ameisen wurde offenbar nicht angegriffen, aber nach einigen Augenblicken hörten alle Kämpfe auf, es herrschte eine momentane Verwirrung bei der ganzen Gesellschaft, dann aber fraternisierten die alten Feinde und fingen an gemeinsam in der Erde zu graben. Offenbar hatte der starke Duft der Eau de Cologne den Nestgeruch oder odorat au contact der zweierlei Ameisen und damit das Mittel, an dem sich Freunde und Feinde erkannten, verdrängt. Das Merkwürdigste ist nun aber, dass später, als jedenfalls doch der eigene Geruch der Ameisen wieder zur Geltung gelangt war, die Freundschaft doch nicht gestört wurde. Wahrscheinlich hatten sich die Tierchen mittlerweile aneinander gewöhnt.

Jedenfalls haben die Ameisen, auch zu Folge ihres sozialen Instinktes ein Mittel, ihre Mitbürgerinnen zu erkennen und müssen es haben, und es ist im höchsten Grade wahrscheinlich, dass dieses Mittel der Geruch ist.

Übrigens sind nicht alle Ameisenarten besonders feindselig gegen einem anderen Neste angehörige Individuen derselben Spezies. Die gelbe Ameise (Lasius flavus) erkennt zwar offenbar, nach den Beobachtungen Lubbocks, einen Fremdling, der zu ihnen gesetzt ist als solchen, greift ihn aber nicht an, sondern sie fraternisiert mit ihm und er schliesst sich ihnen freiwillig an. Der vorsichtige englische Forscher wiederholte dasselbe Experiment mit aus zwei verschiedenen Provinzen Grossbritanniens stammenden gelben Ameisen, sodass also der etwaige Einwurf, die Tiere hätten zwar aus zwei verschiedenen Kolonien stammen aber doch Angehörige desselben Volkes und daher mit einander vertraut sein können, hinfällig wurde.

Wenn ein Staat, der doch aus einer Summe einzelner Individuen besteht, von denen jedes selbständig handeln kann und jedes seine eigenen Erfahrungen wenigstens teilweise unabhängig von den Genossen macht, überhaupt existieren soll, so müssen seine Bürger in der Lage sein sich miteinander verständigen zu können. Das gilt für Ameisen so gut wie für Menschen. Schon Dio Chrysostomus, ein berühmter griechischer Redner des ersten Jahrhunderts unserer Zeitrechnung, sagte, man müsse annehmen, dass die Ameisen eine Art von Sprache hätten und sich einander mitzuteilen verständen. Der vortreffliche Huber aber studierte, soweit es möglich war, diese Sprache, welche nicht wie bei normalen Menschen eine phonetische, auf der Stimme beruhende, sondern wie die der Taubstummen eine Zeichensprache ist und mittelst der Fühler „gesprochen" wird, daher Huber sie auch „un langage antennal" nennt. In einem Punkte aber weicht die Zeichensprache der Ameisen von derjenigen der Taubstummen ab, sie ist nämlich, da sie ja auch oft und viel, wie es in der Natur der Sache liegt, im Dunkeln gesprochen werden muss, nicht auf die Augen, sondern auf das Gefühl des Angeredeten berechnet, und besteht in einem Betasten und Beklopfen mit den Fühlern.

Die Sprache ist gewissermassen eine Eigenschaft der Tiere, zu deren Bildung Körper und Geist sich die Hand reichen und so leitet sie uns wohl am besten zu den geistigen Eigentümlichkeiten, welche das Staatenleben den Ameisen angezüchtet hat, hinüber. Diese Eigentümlichkeiten sind: ein ungeheurer Patriotismus, eine rücksichtslose Tapferkeit, ein unermüdlicher Fleiss oder sagen wir lieber eine nicht zu erschöpfende „Emsigkeit", ein hoher kameradschaftlicher kollegialer Sinn, eine rührende Sorge für die Nachkommenschaft und eine nicht geringe Intelligenz. Nicht mit Unrecht nannte der heilige Chrysostomus die Ameise eine Lehrmeisterin der Tugenden.

Was die Vaterlandsliebe und den Mut unserer kleinen Freundinnen angeht, so sind diese Eigenschaften bekannt genug und man braucht blos den ersten besten Ameisenhaufen feindlich zu behandeln, um sich von ihrer Gegenwart sattsam zu überzeugen. „Eine für Alle und Alle für eine" ist der Wahlspruch dieser an Leib winzigen, an Charakter riesigen Geschöpfe, von denen Kirby und Spence in ihrer berühmten „Einleitung in die Entomologie" mit Recht bemerken, dass sie unverzagt einen Elephanten angreifen.

Nicht immer freilich ist die Tapferkeit eine gleich grosse, oft genug ist sie proportional der Kopfzahl, welche das Volk bildet. Forel hat die interessante Beobachtung gemacht, dass ein erst gegründetes, junges Volk von vielleicht 8 bis 10 Arbeiterinnen sich kaum zu verteidigen wagt, und vor der geringsten Gefahr flieht, während es, wenn es mächtig geworden ist, kühn den feindlichen Angriffen die Stirne bietet. Es geht ihnen just so wie uns Deutschen, auf denen vor 25 Jahren ein jeder kleine oder grosse fremde Staat glaubte herumhacken zu dürfen, und wo wir uns drücken mussten vor jedem frechen Grossmaul, jetzt aber, — nun: so fürchten wir Gott und sonst nichts auf der Welt! Aber freilich, was bei uns elende Schwäche, die erbärmliche Folge einer erbärmlichen Kleinstaaterei war, ist bei den Ameisen weise Politik: ein kleiner beginnender (nicht ein zerfallender!) Staat muss das Seine zusammenhalten und es ist Flucht und Vermeidung der Gefahr ratsamer als ein Widerstand, der leicht den wenigen Bürgern das Leben kosten und damit die Zukunft der jungen Republik vernichten könnte.

Der hohe Patriotismus der Ameisen spricht sich auch darin aus, das keine Bürgerin des Staates vor der andern etwas voraus haben will: erst die Gesamtheit dann das Individuum! und manche, wie namentlich die rote Waldameise (Formica rufa), gehen ganz in der Masse unter, und sind ohne alle individuelle Initiative, während das bei anderen (z. B. Formica fusca), wie Forel angiebt, durchaus nicht in dem Grade der Fall ist. Alles teilen die wunderbaren Geschöpfe miteinander, der köstlichste Leckerbissen wird nicht imstande sein, ihre Selbstsucht rege zu machen, — ihr Egoismus ist vollkommen in den Kommunismus aufgegangen. Kommt

eine hungrige Ameise einer Mitbürgerin entgegen, so betastet sie
dieselbe mit den Fühlern und wenn sie deren Hinterleib gefüllt fühlt,
so bettelt sie jene an, indem sie ihren Kopf liebkost, denselben ab-
leckt und ihr mit den Fühlern wiederholt sanft auf die Oberlippe
trommelt. Die Angebettelte lässt sich dann erweichen und bricht
der Bettlerin etwas von ihrem Überflusse in das Maul. Ebenso
helfen sie sich gegenseitig beim Putzen, das sie gern thun und niemand ist tiefer in die Toilettengeheimnisse der Ameisen eingedrungen
als der köstliche Mac Cook. Nach diesem vortrefflichen Forscher
und entzückenden Darsteller wenden die Ameisen viel Zeit auf
ihre Toilette, sie sind die reinlichsten Geschöpfe, die es giebt und
nach jeder Mahlzeit und nach jedem Schläfchen ist das Erste, dass
sie sich putzen und, wenn sie sich in ihrem thatenreichen Leben
ja einmal Musse nehmen, was sie, wenn sie sich so recht be-
haglich, namentlich gemütlich warm fühlen, bisweilen thun, so
widmen sie die erkargte Zeit ihrer Toilette. Bei dieser verfahren
sie ganz ähnlich wie die Katzen. Die Härchen an Füssen und
Schienbeinen dienen als Kämme und Bürsten, und werden über die
Oberfläche des Körpers in der Wachstumsrichtung der feinen Haare,
mit welchen dieser bedeckt ist, geführt, und von Zeit zu Zeit mit
den Kiefern geordnet und gereinigt. In der Regel aber unterstützen
sie einander bei diesem Geschäfte, und sie bitten sich gegenseitig
um Hilfe. Mac Cook sah, wie eine Ameise vor einer anderen
niederkniete, ihren Kopf vorstreckte, sich unter das Gesicht der
anderen schob und still liegen blieb und damit so deutlich, wie nur
Zeichensprache es überhaupt vermag, ihrem Wunsche gereinigt zu
werden Ausdruck verlieh. Unser Beobachter verstand die Geste gar
wohl und das that auch die aufgeforderte Ameise, welche sich sogleich an das Werk machte. Sie verfuhr bei dem Freundschaftsdienste
ganz systematisch und diejenige, an welcher das Reinigungsgeschäft
vollzogen wurde, nahm Stellungen des innigsten Wohlgefühls dabei
an, etwa wie ein Haushund, den man am Halse krault: sie liess
sich hin und her rollen und hielt aufgelöst in köstlichem Behagen
alle Muskeln des Körpers schlaff.

Gegenseitige Hilfleistung zeichnet die Bürgerinnen der Ameisenstaaten vielfach gegenüber den Mitgliedern der menschlichen Gesellschaft aus. Ermüdete werden von ihren noch rüstigen Kameradinnen
getragen, indem dieselben sie mit den Kiefern um die Taille fassen:
wenn eine ihre Arbeit nicht bewältigen kann, so darf sie sicher

darauf rechnen bei Ihresgleichen bereitwilligste Unterstützung zu
finden. Eine südamerikanische Raubameise (Eciton legionis),
welche nach Art ihrer Gattungsgenossen grosse Razzias gegen die
übrigen Bewohner der Urwälder am Amazonenstrome unternimmt,
richtet sich auf dergleichen Hilfleistungen vollkommen ein. Nicht
alle nämlich welche an dem Zuge beteiligt sind, beladen sich mit Beutestücken, eine ganze Anzahl läuft vielmehr ledig nebenher, um aber
sofort Hand oder richtiger „Kiefer" anzulegen, wenn die Steilheit
des Weges ihren bepackten Genossinnen beim Transporte hinderlich
wird. Die kleinen Hausameisen von Madeïra (Pheidole s. Oecophthora pusilla) verfahren, wenn sie etwas fortzuschaffen haben, ganz
wie Menschen, die vordern ziehen und die hintern schieben, dann
ruhen alle zugleich, um nach einer Pause ihre Arbeit zugleich wieder
miteinander aufzunehmen.

Andrerseits spricht ein Beobachter wie Lubbock seine Verwunderung darüber aus, wie gering die Hülfe ist, welche die Ameisen
in gewissen Fällen einander leisten. Er meint, wenn eine Ameise
mit einer von einer andern Art kämpft, kämen ihr ihre Freundinnen
nur selten zu Hülfe. Ich muss gestehen, ziemlich zahlreiche Beobachtungen, die ich gerade über diese Angelegenheit gemacht habe,
bestimmen mich der entgegengesetzten Ansicht zu sein. Dass die
Hülfleistung in diesem Falle eher deshalb geschieht, den Gegner um
so sicherer zu vernichten, als um der Genossin zu helfen, kann unbedingt zugegeben werden und liegt auch ganz im „politischen Charakter" der Ameisen, um es so auszudrücken. Auch dass sie nur
solche verletzte und erkrankte Mitbürgerinnen pflegen, deren Zustand
eine baldige Heilung erhoffen lässt, schwer verwundete und gefährlich erkrankte aber aus dem Neste schaffen und ausgesetzt ihrem
Schicksale überlassen, entspricht dem spartanischen Kommunismus,
wie er im Ameisenhaufen herrscht: weg mit Allem, was der Gesamtheit hinderlich ist statt ihr zu nutzen! und nicht wenige, namentlich
nomadisierende Naturvölker verfahren nicht anders.

Freilich, das will sich wenig reimen mit einer pietätvollen Sitte,
die schon das Altertum den Ameisen zuschrieb. Plutarch und
Aelian, allerdings keine Naturforscher, sondern in diesem Falle wohl
nur Übermittler eines allgemeinen Volksglaubens, berichten, dass die
Ameisen ihre Toten begraben und Plinius, auch mehr Polyhistor
und kritikloser Nachschreiber als Forscher, behauptet, sie wären mit
dem Menschen die einzigen Geschöpfe, welche dieses thäten. Es ist

merkwürdig, dass keiner von den achtsamen, teilweise geradezu genialen Beobachtern, welche das Leben der Ameisen in Europa gefunden hat, meines Wissens jemals eine entsprechende Erfahrung zu machen in der Lage war, während doch von den Bienen längst bekannt ist, dass sie tote Genossinnen aus dem Stock schaffen, was allerdings kein Akt der Pietät, sondern eine sanitätspolizeiliche Massregel ist. Aus Amerika freilich wurden Stimmen laut, welche von Bestattungen gestorbener Mitbürgerinnen bei den Ameisen redeten. Eine Dame, Mistress Treat will beobachtet haben, dass Formica sanguinea, also noch dazu eine Art, welche auch bei uns häufig genug ist, Friedhöfe für ihre Toten besässe. Für Ihresgleichen sind dieselben ziemlich entfernt vom Neste und hier werden die entschlafenen Individuen ihrer Art in regelrechten Reihen niedergelegt, während die schwarzen Sklaven (F. sanguinea ist eine sklavenhaltende Species) gleich auf den Schindanger vor dem Thore auf einen Haufen geworfen werden. Gerstäcker hat in einer Besprechung dieser seltsamen Historie, deren Wahrheit anzuzweifeln ich viel zu galant bin, bemerkt, es fehle nur noch, dass bei diesen Begräbnissen eine Ameise eine Leichenrede hielte. Doch — Scherz bei Seite! — auch Mac Cook, dessen keltische Phantasie doch wohl kaum mit der nüchternen Beobachtung des gewiegten Forschers wird durchgegangen sein, erzählt uns eine merkwürdige Sache von den mexikanischen Honigameisen, deren anderweitige Merkwürdigkeiten wir später werden kennen lernen. Diese Tiere besitzen in ihren Bauen Coemeterien oder Nekropolen, Gelasse, in welche die honigtragende Kaste der Bewohner bestattet wird. Hat ein Mitglied dieses verdienten Standes das Zeitliche gesegnet, so machen sich die übrigen Arbeiterinnen nicht etwa über den angeschwollenen mit Honig gefüllten Hinterleib her um ihn zu anatomisieren und seines süssen Inhaltes zu berauben, nein, sorgsam wird der Leichnam zerlegt: der Kopf und die Beine werden vom Bruststück und dieses selbst vom runden aufgetriebenen Abdomen getrennt und die Teile werden einzeln in die Totenkammer geschafft, wohin dann schliesslich auch der fassartige Hinterleib gallerieauf, gallerieab gerollt und geschoben wird.

Wir haben weder aus innern noch aus äussern Gründen Ursache, die Richtigkeit der Angaben Mac Cooks zu bezweifeln, so befremdlich sie klingen und so wenig wir ähnliches von unsern doch so gut erforschten Ameisen kennen. Die amerikanischen Formen scheinen pietätvoller als die altweltlichen zu sein. Während sie sich betreffs der Rücksichtsnahme auf die Vergangenheit der Republik, auf die grossen Toten von unsern unterscheiden, stimmen sie mit ihnen überein in der Sorgfalt, mit welcher sie sich der Zukunft des Staates, der jungen Brut zu Diensten stellen. Die Pflege dieser ist die Ursprungsstelle der Insektengesellschaften, der Angelpunkt, um den sie sich drehen, das Band, das sie zusammenhält.

Die zahlreiche Gesellschaft junger Geschwister, Nichten und Neffen ist es, welche den seit uralten Zeiten bewunderten Fleiss der Ameisen, die nervöse Hast ihrer Bewegungen bedingt. Der weise jüdische König fordert die Faulen auf zur Ameise zu gehen, ihre Weise anzusehen und zu lernen, der römische Dichter singt: parvula nam exemplo est magni formica laboris*) und die Pythagoräer waren, ihrer Hypothese der Seelenwanderung entsprechend, der Meinung, die Seelen der fleissigen Leute gingen nach dem Tode in Ameisen über.

Eine Ameisenarbeiterin arbeitet in warmen Ländern jahraus jahrein, bei uns wenigstens bei geeigneter Jahreszeit, von früh bis spät, ja bei besonders günstiger Temperatur die ganze Nacht hindurch. Lubbock sah eine von morgens sechs Uhr ohne Unterbrechung bis abends ein Viertel vor zehn arbeiten und Mac Cook beobachtete eine Arbeiterin von Formica exsectoides, welche ein kleines grünes Insekt in ihr 126 Fuss weit entferntes Nest schleppte und auf diesem, für sie ungeheuren Marsch, trotz der Last, nur eine halbe Minute ruhte. In tropischen Gegenden giebt es Formen, welche mehr des Nachts thätig sind, am Tage aber rasten oder vielleicht nur häusliche Arbeiten besorgen.

Ameisen brauchen, um zu gedeihen, Wärme und Feuchtigkeit, freilich wird ihnen zu grosse Hitze, namentlich den Larven, auch wieder nachteilig und wenn im Herbste starke Temperaturschwankungen sind, so haben die Arbeiterinnen mit dem Umzuge der Brut genug zu thun: die Nacht ist kalt, die grössten Tiefen des Nestes müssen der Bodenwärme halber aufgesucht werden, — die Morgensonne erwärmt angenehm die Kuppel des Nestes, hinauf mit Larven und Puppen, die Mittagssonne senkt glühenden Brand, schnell das kostbarste Gut des Volks, die Nachkommenschaft in die temperierten untern Gemächer gerettet!

---

*) Horaz, 1. Satyre: Die winzige Ameise giebt uns ein Beispiel riesiger Arbeit.

Bei uns zu Lande unterbricht der Winter die Thätigkeit der Ameisenstaaten, die Bewohnerinnen suchen meist die Tiefe des Nestes auf und fallen hier in Erstarrung. Gekrümmt, mit angezogenen Fühlern und Beinen liegen sie klumpenweise bei einander. So geschieht es auch mit unserer roten Waldameise (Formica rufa) aber von Hagens, ein sehr zuverlässiger Beobachter, macht die Mitteiluug, dass es eine schwach behaarte Rasse derselben gäbe, welche nicht wie die glatte, im Neste selbst den Winterschlaf abhalte, sondern den Haufen verlasse und gegen 3 Schritt von ihm entfernte, eigens gegrabene, auf flacher Erde ausmündende Winterquartiere bezöge. Die Temperatur ist auch im Winter im Neste immer etwas höher (2—3° C.) wie in dem umgebenden Boden.

Die tropischen Formen scheinen nicht, wie wohl andere Tiere, einen Sommerschlaf, welcher dem Winterschlafe der unsern entspräche, zu haben, wenigstens ist mir nichts davon bekannt geworden und schon in Südeuropa, z. B. auf Madeïra bleiben Arten, die bei uns während der kalten Jahreszeit in Lethargie verfallen, das ganze Jahr hindurch in Thätigkeit. Warme Wintertage locken auch einzelne Individuen der einheimischen Ameisen auf kurze Zeit aus dem Bau. So sah der berühmte Entomolog Frederick Smith an einem schönen Tage im Februar einige Exemplare der roten Waldameisen auf dem Neste herumspazieren aber ohne scheinbar zur Arbeit aufgelegt zu sein und Forel meint, wenn im Winter die Temperatur ausreiche, einige Ameisen zu erwecken, dann reiche sie auch aus, einige Nährtiere (Blattläuse u. s. w.) in das Leben zu rufen, so dass kein Grund vorhanden sei, dass jene einen festen ununterbrochenen Winterschlaf, wie so viele andere Tiere haben müssten. Derselbe Forscher macht noch interessante Mitteilungen über die kurzen Sommerfreuden der Ameisen in den hohen Alpen; hier können sie nur 2 bis 3 Monate des Jahres in Thätigkeit sein und selbst während dieser kurzen Zeit täglich nur wenige Stunden. Im hohen Norden wird es sich einigermassen ähnlich verhalten.

Die Ameisen haben eine weite vertikale und horizontale Verbreitung und wenn sie auch in den Tropen die meisten Arten zählen, so gehen doch einige nördlich bis zum Polarkreis. Am Amazonenstrom fand Bates 10 Arten allein aus der Gattung Eciton und 15 aus der Gattung Cryptocerus und die Brasilianer meinen nicht ohne Grund, die eigentlichen Herrscher ihres Landes seien die Ameisen. Besonders zahlreich sollen sie nach Lund auf den dürren

Hochebenen der Provinz Minas-Geraës sein. Aber auch andere tropische Gegenden bleiben nicht zurück, so sagt G. Fritsch: die Ameisen mit den Orthopteren und Spinnen wären die Grossmächte, welche sich in den Besitz Südafrikas teilen. Keller denunziert uns Madagaskar und Wallace die Aruinseln und Neu-Guinea als unheimlich von Ameisen bevölkert und auch in kalten Ländern ist ihre Masse wirklich nicht gering. So zählt Zetterstedt für Lappland noch 13 Arten, Adlerz für Schweden 34, Meinert für Dänemark 27, Forel für die Schweiz 66 und André für Nordasien, Europa mit Nordafrika im Ganzen 155 Arten. Bedenkt man weiter, dass viele dieser Arten sehr häufig sind, und ungeheuer grosse Völker bilden, so wird man bald zu der Einsicht kommen, dass nur wenige oder keine der kleineren Familien der Insekten sich ihrer Zahl und ihren Leistungen nach mit den Ameisen messen können.

Ihre Menge und ihre, in südlichen Ländern wirklich überraschende Allgegenwart war es auch, welche schon die Aufmerksamkeit antiker Menschen, die sonst wenig Sinn und wenig Verständnis für das Sein und Wirken der Welt der kleineren Tiere hatten, zu fesseln vermochte. Ihr Fleiss, ihr Thätigkeitstrieb ist immer bewundert worden und diese ungekünstelte Bewunderung spricht sich in nichts trefflicher aus, als in dem uralten schönen Worte unserer teuren Sprache „Ameise" — die fleissige, thätige, emsige!

II. Häusliches Leben der Ameisen.

Apis sub rege vivit: formica populari dominatione
gaudet.   Jeremias Wilde 1615.

(Die Biene lebt unter Herrschaft einer Königin;
die Ameise erfreut sich einer demokratischen Staatsverfassung.)

Am Nachmittag des 17. August 1687 wurden, wie der Pfarrer Andreas Acoluth erzählt, die Bewohner Breslaus durch Rauchwolken erschreckt, welche von den Türmen der Elisabethkirche aufstiegen. Die Sorge wegen der Gefahr, in welcher das Gotteshaus zu schweben schien, war indessen unnütz gewesen, denn es stellte sich heraus, dass die vermeintlichen Rauchwolken von Myriaden fliegender Ameisen gebildet wurden. Wenn die Koburger Feuerwehr diese Geschichte gekannt hätte, so hätte sie sich mit dem Ausspruche Ben Akibas „Alles schon dagewesen" trösten können jenen Neckereien gegenüber, welche ihr deshalb zu teil wurden, dass sie in denselben Irrtum verfallend, wie 200 Jahre früher die Breslauer Bürger, am 28. August des Jahres 1865 gegen derartige Ameisenschwärme mit der Spritze pflichtgetreu ausrückte.

Und wirklich diese Irrtümer waren verzeihlich genug! Jene Schwärme bilden dunkle hohe Säulen und sie gleichen dadurch Rauchwolken nicht wenig, dass sie jedem leisen Luftzuge folgend, bald schwächer bald stärker hin und wieder schwanken und wie aufsteigender Qualm in einer eigentümlichen zitternden Bewegung sind. Jedes Insekt nämlich aus der grossen Menge hat noch seine eigne pendelartige Flugbewegung und die Summe derselben bringt ein ganz eignes vibrirendes Zittern in das Innere der Masse. Aus grösserer Nähe gesehen macht dies, wenn die Strahlen der Sonne in geeignetem Winkel auf die Säule fallen, einen ganz merkwürdigen Eindruck, indem nämlich dann noch ein Flimmern und Schimmern mit dem Zittern verbunden ist, — die Leistung von hunderttausenden zarten Flügelchen, welche das Licht reflektieren.

Eine weitere Eigentümlichkeit dieser Ameisenwolken liegt darin, dass sie sich mit ihrer Basis gern an erhöhte Gegenstände anschliessen: an die Spitzen von Felsenzacken und Türmen, an die Gipfel isoliert stehender Bäume, ja an den Scheitel des Wanderers, dem die ganze Säule, sein Marschtempo bei ihrer Weiterbewegung einhaltend, oft weite Strecken folgt, bis ein stärkerer Luftzug oder ein Baum mit störenden Ästen die Schar der ungebetenen Begleiter in Verwirrung bringt.

Sind diese Schwärme eine regelmässig wiederkehrende und für die Ameisenvölker notwendige Erscheinung, oder treten sie nur gelegentlich einmal auf? wie kommen sie zu Stande und was haben sie zu bedeuten?

Allerdings sind sie nötig und sie treten auch alle Jahre auf, aber meistens nicht in einem solchen Umfange, dass sie die allgemeine Aufmerksamkeit erregen.

Wenn wir im Spätsommer an einem schönen warmen Nachmittag, am besten wenn kurz vorher etwa ein geringer Strichregen fiel,

welcher den Boden eben anfeuchtete, zu einem volkreichen Neste
der Waldameise kommen, so können wir, falls das Glück günstig ist,
Zeugen eines merkwürdigen Schauspiels werden. Auf der Aussenseite
des Nestes herrscht aufgeregtes Leben, ausser den ungeflügelten
Ameisen, den Arbeitern, welche während der ganzen wärmeren Jahreszeit zu sehen sind, wimmelt es von vielen hunderten geflügelten Individuen, von teils etwas grösserer plumperer, teils von kleinerer
zarterer Gestalt: das sind die Weibchen und Männchen. Die grösseren weiblichen Tiere sind mit Arbeiterinnen vergesellschaftet,
welche in höchster Aufregung sich befinden, ihre glücklicheren
Schwestern fortwährend mit den Fühlern betasten und beklopfen, ja
sie mit ihren Kiefern sanft zwicken. Die Weibchen kriechen auf erhöhte Gegenstände, auf die Spitzen von Gras- und anderen Pflanzen-
hälmchen oder werden auf dem Neste von den brünstigen Männchen
umhergejagt, teils schon befruchtet. Die Aufregung wächst mehr
und mehr, in bacchantischem Taumel wimmelt das Volk durcheinander, schon entfalten einzelne ihre Flügel und schwingen sich in die
Lüfte. Die auf den Hälmchen und andern erhöhten Gegenständen
sitzende Gesellschaft putzt sich und fängt an allerlei sonderbare Ka-
priolen zu schneiden, sie wagt den Flug nicht sogleich, es ist ja
eine noch unbekannte Bewegung und es machen sich Anläufe dazu
nötig. Endlich erheben sich die Weibchen und mit ihnen die weit
zahlreicheren Männchen in immer grösserer Zahl, die Schar steigt
gerade oder nur vom leisen Luftzuge ins Schwanken gebracht in die
Höhe, 60 und mehr Fuss, bis sie den Augen entschwindet. Die
Männchen stürzen sich während dessen auf die Weibchen, oft 3 bis
4 auf eins, die Arbeiterinnen haben das Nachsehen, wie weiland der
Famulus Wagner, welchem Homunculus zuruft:

ch nun,
Du bleibst zu Hause, Wichtigstes zu thun!

Es beschränken sich jene Hochzeitsflüge grösster Art nicht auf
die Geschlechtstiere eines Volkes, die mehreren einer ganzen Gegend,
ja selbst verschiedener Spezies thun sich zusammen und bilden jene
ungeheuren Wolken. In luftigem Tanze erobern sich die Männchen
der Minne Sold und „leben einen Augenblick im Paradiese!" aber
„med parningen ha hanarne utspelt sin roll," mit der Paarung haben
die Männchen ihre Rolle ausgespielt, sagt Adlerz, sie fliegen noch
eine kurze Zeit herum ohne Nahrung zu sich zu nehmen, werden
matter und matter und gehen bald zu Grunde.

Nicht alle Arten indessen haben solche Hochzeitsflüge; diese erscheinen bei denen, wo wie bei Anergates und einigen exotischen Formen die Männchen ungeflügelt sind, von vornherein ausgeschlossen, nur befruchtete Weibchen schwärmen von dannen. Aber auch bei geflügelten Arten finden sich interessante Modifikationen. So beobachtete Lincecum bei Pogonomyrmex barbata von Mexiko eine andere Sitte der Hochzeitsfeierlichkeiten. Er sah eine Bodenstrecke von über 100 Meter lang und 10 Meter breit bedeckt mit Hunderttausenden, vielleicht Millionen von Geschlechtstieren dieser Art, welche von allen Seiten und aus verschiedenen Nestern angeflogen kamen. Die Männchen waren weit zahlreicher als die Weibchen, ungefähr 5 von jenen kam auf eins von diesen. Nach der Befruchtung machten sich die Weibchen frei und nach einer Stunde waren sie alle von dannen geflogen und die Männchen blieben in erschöpftem Zustande zurück, vielleicht mehr als ein Scheffel an Menge.

Derartige Ameisenschwärme sind fast in allen Erdteilen beobachtet worden. G. Fritsch sah in Südafrika die Luft auf weite Strecken von den Tieren erfüllt, die wie ein Regen auf den Reisenden herabfielen und Atta cephalotes erscheint im tropischen Südamerika beim Beginn der Regenzeit in den Abendstunden in ungeheueren Massen. Von derselben Art sah Rengger in Paraguay an heissen und windstillen Mittagsstunden die geflügelten Geschlechtstiere aus mehreren Nestern zugleich aufsteigen „gleich Rauchsäulen," wobei die Flügel der Insekten in der Sonne wie Silberblättchen glänzten."

Nicht alle Arten schwärmen in derselben Zeit. So erscheint unsere grosse Holzameise (Camponotus ligniperda) im Juni oder Ende Mai in geflügelter Form und nicht wie die meisten andern ihrer Gattungsgenossen erst im Spätsommer und ähnliche Verschiedenheiten der Schwärmezeit sind bei tropischen Arten bekannt. Manche schwärmen auch öfter als einmal im Jahre: Pogonomyrmex barbata erscheint jährlich 2 oder 3 mal je nach der Gunst oder Ungunst der Witterungsverhältnisse. —

Diese Erfahrung hätten wir also aus dem Mitgeteilten gewonnen, dass das Schwärmen der Ameisen kein für die Tiere gleichgültiger Vorgang sein kann, sonst würde es nicht regelmässig alle Jahre und bei den Ameisen der verschiedensten Arten und der verschiedensten Länder stattfinden. Was aber ist die Ursache dieser merkwürdigen Anpassung? — Die Antwort auf diese Frage ist bald gegeben: die vermehrte Möglichkeit der Ausbreitung der Art und die Vermeidung oder doch Verringerung der Möglichkeit der Inzucht!

Insekten, welche nicht blos gelegentlich einmal und ausnahmsweise, sondern fast immer und normalerweise zahlreich auftreten, pflegen im ausgebildeten Zustande die Flugfähigkeit zu besitzen, während diejenigen, welche zu fliegen nicht vermögen, einsam leben und nur selten einmal (Poduriden) in grossen Mengen erscheinen. Es würde der Kampf um den Wohnraum und zugleich um die Nahrung zu heftig entbrennen müssen, wenn häufige und noch dazu Kolonien bildende Tiere, wie die Ameisen, unter allen Umständen flügellos wären. Es wäre auch kaum möglich, dass, wie bei diesen Tieren, die Zahl der ungeflügelten Arbeiterinnen eine so bedeutende auf verhältnismässig kleinem Raume sein könnte, wenn sie wie etwa die Bienen auf eine Art Nahrung angewiesen wären: die Gewohnheit alles einigermassen Geniessbare aus dem Tier- und Pflanzenreiche zu fressen, ist eine mächtige Förderin der Entwicklung der Ameisenstädte. Trotzdem würden diese Insekten doch bald zu enge nebeneinander wohnen und sich in ihrer gedeihlichen Entfaltung wesentlich beeinträchtigen müssen, wenn die Weibchen nach der Befruchtung nicht befähigt wären, von dannen zu fliegen, um an entfernteren Stellen neue Kolonien gründen zu können. Die Männchen brauchen schliesslich keinen Flugapparat zu haben und wir sahen ja schon weiter oben, dass es Ameisenarten giebt, bei den sie wirklich flügellos sind sowie dass sie bei andern zwar Flügel besitzen, sich jedoch nicht mit in die Luft erheben, sondern nach vollzogener Begattung zurückbleiben. Es scheinen aber selbst bei den Arten, bei denen normaler Weise ein Hochzeitsflug beider Geschlechter statt hat, sich einige Pärchen vor Beginn desselben zu einander zu finden und die bei dieser Gelegenheit befruchteten Weibchen werden von den Arbeiterinnen des eignen Nestes zurückgehalten um als „alle Zeit Mehrerinnen" des Heimatsreiches zu dienen. Es scheint bei den Ameisen auf der ganzen Erde eine Eigentümlichkeit zu sein, dass die Arbeiterinnen die Weibchen, soviel wie möglich vom Wegfliegen abzuhalten suchen, jedenfalls um den Bestand ihres eignen Nestes besser zu sichern, — um so mehr muss die Angabe von Bates befremden, nach der die Geschlechtslosen von Oecodoma cephalotes unter grosser Aufregung den Auszug der Geschlechtstiere unterstützen.

In seinem ersten Werke, einem der köstlichsten Bücher, welche über Biologie der Tiere jemals geschrieben worden sind, hatte Forel die Meinung ausgesprochen, dass befruchtete Weibchen nur ganz ausnahmsweise einmal eine Kolonie ohne Hilfe von Arbeitern begründen könnten. Wenn dies wahr wäre, was hätte denn das Schwärmen überhaupt zu bedeuten? weshalb würden dann Hunderte von weiblichen Larven lange Zeit mit grosser Mühe und vieler Arbeit gewartet, gepflegt und ernährt? Denn die einmal fortgeflogenen Weibchen kehren niemals wieder in das heimische Nest zurück. Es liesse sich nun mutmassen, dieselben könnten, wenn sie wieder zur Erde gelangt sind, von den Arbeiterinnen fremder Nester derselben Art abgefasst und als willkommene Gefangene eingeschleppt werden. Das ist nicht der Fall. Kein einmal begründeter Ameisenstaat nimmt fremde Weibchen derselben Art an und will man ihm dieselben aufzwingen, so werden sie sofort angegriffen und schonungslos getödtet. Lubbock that sie in einen kleinen Käfig, welcher sie vor den Angriffen der Arbeiterinnen schützte, in ein Nest und liess sie drei Tage darinnen, — unter welchen Umständen Bienen fremde Königinnen annehmen, — aber trotzdem hatten sich die Eigentümerinnen nicht an die Fremden gewöhnt und überfielen sie sofort. Man könnte weiter denken, einem nach dem Hochzeitsfluge wieder zu Boden gefallenen Weibchen schlösse sich eine Anzahl Arbeiterinnen eines benachbarten Baues an, um mit ihm zusammen einen neuen Staat zu gründen. Beobachtet ist das noch nicht, aber es wäre möglich. Mac Cook hielt eine befruchtete Königin von Cremastogaster lineolata in Gefangenschaft in einem künstlichen Neste und brachte dann Arbeiterinnen derselben Art, aber aus einen anderem Neste stammend als dem sie ursprünglich angehörte, zu ihr. Diese schlossen sich ihr gleich an, schmeichelten und begrüssten sie und führten sie in eine Gallerie des Züchtungsnestes und ein neues Volk wurde gemeinsam begründet. Ganz dieselbe Erfahrung haben Forel und Sir John Lubbock gewonnen.

Es kann sein, dass sich Ähnliches gelegentlich im Freien unter natürlichen Verhältnissen ereignet, aber wenn es ja geschieht, dürfte es doch eine grosse Ausnahme sein. In der Regel geht indessen die Gründung eines neuen Staates, wie wir namentlich durch die Beobachtungen Gideon Lineecums und F. Blochmanns wissen, nicht auf diese Weise vor sich. Die vom Winde während des Fluges hierhin und dorthin verstreuten befruchteten Weibchen werfen, sobald sie zur Erde gelangt sind, durch heftige Bewegungen ihre ohnehin nicht allzu fest eingelenkten Flügel ab und suchen eine geeignete Stätte zur Ablage ihrer Eier. Das- Weibchen von Camponotus ligniperda, unserer grossen Holzameise begiebt sich zunächst unter einen geeigneten Stein und legt eine beschränkte Anzahl befruchteter Eier, etwa 10 bis 12, aus welchen weibliche Larven kommen, welche sie nicht allzureichlich füttert, sodass dieser erste Satz Arbeiterinnen der kleinsten Form liefert und zwar in kurzer Zeit. Erst wenn sie diese „Stützen der Hausfrau" erzielt hat, beginnt ihre Eierproduktion auf's Neue und die Arbeiterinnen nehmen ihr die Mühe der Pflege der Nachkommenschaft ab. Ganz ähnlich verfährt die schwarze Baumameise von Texas (Camponotus? spec.): ein noch geflügeltes befruchtetes Weibchen sucht einen passenden lebenden Baum zu gewinnen, forscht nach einer Spalte, einem abgestorbenen Aste oder sonstiger Windbruchstelle, wirft, wenn sie etwas Geeignetes gefunden hat, die Flügel ab und bohrt und meiselt einen passenden Aufenthalt für eine beschränkte Anzahl Nachkommen. Schon nach 12 Tagen sind die ersten ausgebildeten Arbeiterinnen bereit ihrer Mutter zu helfen, vergrössern das Nest und verpflegen ihre Geschwister. Einmal beobachtete Lincecum, wie zwei Weibchen von Pogonomyrmex barbata in unmittelbarer Nähe bei einander sich je eines Erdloches bemächtigt hatten; er verstopfte das eine und die Eignerin desselben ging auf die Suche nach einem andern, wobei sie in das von ihrer Kollegin besetzt gehaltene gelangte. Ein heftiger Kampf entbrannte darob, welcher mit der Flucht des Eindringlings endigte. Eine ungeheuere Anzahl der befruchteten Weibchen freilich geht zu Grunde oder gelangt an Stellen, welche ihrem Vorhaben nicht entsprechen und erzielen so keine Nachkommenschaft, aber gerade deshalb sind ihrer auch so viele, damit durch ihre Masse die Existenzwahrscheinlichkeit der Art zunimmt, so wie die Art durch den Flug an Ausbreitungsterrain gewinnt.

Dass die Weibchen, wenn sie im Begriff stehen ein neues Heim zu gründen, die Flügel abwerfen, ist unschwer zu erklären, dieselben würden ihnen nichts nützen, die Zeiten schwärmerischer Jugendthorheiten sind vorbei, aber sie würden ihnen hinderlich sein beim Graben und Wühlen im Holze und in der Erde und sie verlieren sie daher aus denselben Gründen, aus denen sie bei den Arbeiterinnen zeitlebens nicht zur vollen Entwicklung gelangen.

Was ist aber mittlerweile mit jenen befruchteten Weibchen geschehen, welche zwar auch den Trieb in die Ferne hatten, aber von den Arbeiterinnen ihres eignen Nestes, ihren flügellosen Schwestern abgefangen und nach dem Rezepte „folgst du nicht willig so brauch' ich Gewalt" in die kaum verlassenen Gemächer zurückkomplimentirt wurden? Das Nächste ist, dass ihnen der Trieb in die Ferne gründlich gelegt wird, indem man ihnen die Flügel abbeisst, also eine Arbeit abnimmt, welche auf andere Art ihre fortgezognen Schwestern schliesslich selbst besorgen müssen. So ohne Weiteres fügen sich aber die Gefangenen nicht in ihr Schicksal, sie suchen zu entlaufen, was freilich nicht gelingt, denn abgesehen davon, dass ihnen die Flugorgane genommen wurden, werden sie wenigstens in den ersten Tagen von einigen misstrauischen Arbeiterinnen bewacht, welche alle Fluchtversuche zu vereiteln wissen. Bald fügen sich auch die sog. „Königinnen", die unfreisten Bewohnerinnen des ganzen Nestes, in ihr Schicksal und gewöhnen sich an die Verhältnisse, denen sie sich doch nicht entziehen können. Immer bleiben sie von einer Anzahl Arbeiterinnen umgeben, welche aber die Rolle der Gefangenwärterinnen mit derjenigen der Zofen und Wartfrauen vertauschen, sie speisen, wenn sie hungrig, sie reinigen, wenn sie beschmutzt sind, und die infolge ihrer Mutterhoffnungen Unbehülflichen leiten und führen. Bei den Königinnen mancher Arten sprechen sich diese Mutterhoffnungen in der Körperbeschaffenheit sehr deutlich aus: der Hinterleib schwillt zufolge der Entwicklung von Hunderten, ja Tausenden von Eiern so gewaltig auf, dass die Hornstücke der Abdominalringe auf der ausgedehnten weissen Zwischenhaut wie kleine dunkle Plättchen liegen. Ein so hoffnungsvolles Geschöpf kann sich nicht mehr von der Stelle bewegen und ist ganz auf die Hilfe seiner Umgebung angewiesen, welche ihm denn auch im reichsten Masse zu teil wird. Es sind in der Regel mehrere (bis 30) Königinnen in einem Ameisenstaate und jede bewohnt, umgeben von ihrem Gefolge, ihr eigenes Gemach, das zugleich die Wochenstube ist. Hier liegen sie eifrigst ihrer Pflicht allzeit Mehrerinnen des Reiches zu sein ob, und die Eier werden sofort, nachdem sie gelegt sind, (ein Vorgang der sich täglich häufig wiederholt), von Arbeiterinnen in besondere Gelasse untergebracht, von andern bewacht und beobachtet. Nach einigen Tagen, aber auch nach einigen Wochen, die Zeit schwankt nach der Ameisenart jedoch auch nach der herrschenden Temperatur, erscheinen die Larven, die nach dem ungefähren Alter in verschiedene Gemächer geordnet werden. „Es sieht" bemerkt Lubbock „manchmal sehr seltsam aus, wenn sie der Grösse nach in Gruppen hingelegt sind, sodass sie an eine Schule mit 5 oder 6 Klassen erinnern." Zuerst produzieren die Weibchen befruchtete Eier, aus welchen Arbeiterinnen und später Weibchen hervorgehen. Nachdem der männliche Zeugungsstoff, den sie lange lebenskräftig und leistungsfähig in sich tragen, erschöpft ist, vielleicht willkürlich schon vorher, beginnt die Ablage männlicher, unbefruchteter Eier. Es ist nicht unwahrscheinlich, dass, im Falle bei einem normalen Weibchen die Zahl der Eier zu gering war, die im Verhältnis zum Neste nöthige Masse Männchen zu liefern, dann gewisse Arbeiterinnen, gewissermassen als Ersatzweibchen eintreten, um selbst männliche unbefruchtete Eier zu legen.

Die Larven sind in den Larvenkammern nicht nach Geschlechtern getrennt, liegen vielmehr untereinander. Es sind plumpe, weisse Würmer oder Maden, die, wie die meisten fusslosen Insektenlarven, gekrümmt sind, sodass der Rücken die konvexe Seite darstellt. Gegen die dicken oft wenig unterscheidbaren Leibesringe setzt sich der kleine Kopf scharf ab. Da sie rasch wachsen, haben sie entsprechenden Hunger und ein Hauptteil der Aufgabe der Arbeiterinnen entfällt auf das Füttern ihrer hungerigen Nichten und jüngeren Geschwister. Sobald eine das Lokal, in welchem die Larven sich befinden, betritt, wenden sich ihr die Köpfe der unbehülflichen, fressgierigen Kleinen zu. Sie aber weiss, wie ihre demselben Amte obliegende Genossinnen, die Nahrung so zu verteilen, dass keins zu kurz kommt. Sie stellt sich breitspurig vor die zu fütternde Larve hin, hebt ihren Kopf über den jener, biegt ihn herab und in dem Augenblicke erscheint zwischen ihren Kiefern ein Tröpfchen, das sie der Larve in das offene Maul einflösst: die Ameisen kröpfen ihre Brut wie die Tauben. Tritt im Sommer anhaltendes Regenwetter ein, dann wird freilich Schmalhans Küchenmeister im Ameisenneste. Anhaltender Regen pflegt mit verminderter Temperatur verbunden zu sein, hierdurch wird aber wieder der Stoffwechsel der Ameisenlarven herabgesetzt, ihre Bewegungen verlangsamen sich und sie können unter solchen Umständen 4 bis 5 Tage hungern, wobei sie freilich ihre schöne feiste Rundung verlieren und eine runzlige Haut bekommen. Nach einigen Tagen schönen Wetters indessen, während deren die sorgsamen Arbeiterinnen mit doppeltem Fleisse Nahrung herbeischaffen für ihre Pfleglinge, haben sie sich ihre früheren Bäuchlein angemästet und füllen wieder prall das schlodderig gewesene Fell.

Ist die Larve ausgewachsen, so haben gewisse in ihre Mundhöhle mündende Drüsen eine ansehnliche Grösse erreicht, deren an der Luft erhärtenden Saft sie benutzt, um ein eirundes Röckchen, einen Cocon um sich herum zu spinnen. Innerhalb desselben verwandelt sie sich zur Puppe und dann ist dasjenige bekannte Ding fertig, welches sehr allgemein aber sehr falsch als Ameisenei bezeichnet wird und für alle Vogeltobiase ein köstliches Kleinod ist. Manche Larven indessen spinnen sich, abweichend von ihren Geschwistern keinen Cocon, sondern verpuppen sich sofort. Das ist eine seltsame, nicht recht erklärliche, bisweilen wohl auch sonst noch anzutreffende Erscheinung. So finden sich gelegentlich unter solchen Schmetterlingsraupen, welche normaler Weise sich einzuspinnen pflegen, einzelne Individuen, die das unterlassen, ohne dass wir einen Grund dafür angeben könnten. Wahrscheinlich ist derselbe in einer mangelhaften Entwicklung der Spinndrüsen zu suchen.

Man findet während des ganzen Jahres selbst im Winter bei unsern Ameisen Larven und Puppen, welche selbstverständlich verschieden lange Zeit auf diesem Zustande der Entwicklung verbleiben. Die Überwinternden, bei denen der Stoffwechsel unterbrochen wird, brauchen länger zu ihrer Ausbildung. Ältere Forscher hatten, wie beiläufig bemerkt sei, behauptet, die überwinternden Larven zeichneten sich vor den andern dadurch aus, dass sie behaart wären. Nach Forel ist dies nicht der Fall, obwohl es nicht undenkbar wäre, denn bei manchen Insekten mit doppelter Generation, deren eine als Larve überwintert, kommen ähnliche Erscheinungen wirklich vor. Nicht blos die Jahreszeit, auch der ganze klimatische Charakter eines Jahres hat Einfluss auf die Dauer der Puppenruhe. Sammler von Ameisenpuppen geben an, das dasselbe Nest der gewöhnlichen Waldameise in einem schönen warmen Jahre viermal, in einem kalten blos dreimal in entsprechenden Pausen der Puppen beraubt werden könne.

Auch als Puppe ist die junge Ameise von ihren Pflegerinnen abhängig. Nicht nur, dass die Puppen gleich den Larven in verschiedene Teile oder Etagen des Nestes je nach den äusseren Temperaturverhältnissen müssen untergebracht werden, es kann die junge Ameise ohne Hilfe ihrer ältern Stadtgenossinnen den Cocon überhaupt nicht verlassen. Die Arbeiterinnen müssen gewissermassen den Dienst von Hebeammen leisten, indem sie, wenn die innere Puppe zum Ausschlüpfen fertig ist, den äusseren Rock, den Cocon

am Kopfende zernagen. Nur dann erst wirft die Ameise ihre Puppen-
haut ab und kann nach aussen schlüpfen. Woran die Arbeiterinnen
erkennen, ob eine Puppe fertig entwickelt und zum Auskriechen bereit ist, lässt sich schwer sagen, vielleicht mittels des Gehörs an
besondern Bewegungen im Innern des Cocons.

Die Sorge der Arbeiterinnen um die Puppen ist gross und
wenn ihre Stadt vor roher Hand zerstört wird, ist ihr erstes Bemühen
diesen kostbaren Schatz in Sicherheit zu bringen. „Das kennen"
bemerkt Ratzeburg in seiner berühmten Forstzoologie „auch die
Puppensammler recht gut; denn sie bringen bei ihrem verwerflichen
Geschäfte den ganzen Inhalt eines Ameisenhaufens auf einen möglichst geebneten und von Gras gereinigten Platz, wo sie in der Mitte
eine kleine Vertiefung mit Stückchen Holz oder Borke lose bedecken;
die mitgebrachten Ameisen denken an nichts weiter, als ihre Cocons
zu retten und tragen diese in die versteckte Grube oder auch wohl
an andre Stellen, die ihnen sicher scheinen, wo dann nachher die
Cocons leicht weggenommen werden können." So benutzt der
selbstsüchtige Mensch mit arger List den ängstlichen Eifer seiner
Mitgeschöpfe zu deren eigenem Schaden. Car tel est notre plaisir,
— sind wir nicht die Herrn der Schöpfung?

Aber auch nachdem die junge Ameise den Cocon verliess, ist
sie der Aufsicht der älteren Genossinnen noch nicht entwachsen und
der Pflege noch recht bedürftig: ihre Hautdecken sind noch weich,
ihre Bewegungen unsicher, ihre Augen blöde und sie muss anfangs noch geazt werden, da sie selbständig noch nicht fressen
kann. Bald aber, nachdem der Panzer erstarkte, fängt ihr eigent-
liches Leben an: kurz aber vergnüglich für die Männchen, wie wir
sahen, fruchtbar und lang für die Weibchen, voll harter Mühen für
die Arbeiterinnen.

Wie lange währt das Leben der vollentwickelten und der sterilen
weiblichen Ameisen? Der alte Hieronymus Cardanus sagt in
seinem seltsamen Buche „über die Verschiedenheiten der Dinge" es
daure 7 bis 8 Jahr, Johann Friedrich Christ, ein Arzt und
Naturforscher des vorigen Jahrhunderts giebt ihnen 3 bis 4, Forel
gar nur ein Jahr. Neuerdings wissen wir aber durch Sir John
Lubbock, dass die eigentlich aller Gründe entbehrende und sicher
nicht auf Beobachtungen beruhende Meinung des Cardanus ziemlich richtig ist. Der berühmte englische Biolog hatte Arbeiterinnen
von Lasius niger und Formica fusca, welche mindestens 7 Jahr alt

waren, und von der letzteren Art zwei Königinnen, von denen die
eine älter als 13 Jahr starb, die andere in ihrem 15. noch lebte und
sich, abgesehen davon dass sie ein wenig steif in den Gelenken geworden war, derselben Gesundheit wie sonst erfreute. Das sind
positive Beobachtungen, an denen nicht zu deuteln und nichts zu
bemängeln ist. Wir wissen im Allgemeinen herzlich wenig von der
Lebensdauer der Tiere, aber es darf wohl angenommen werden, dass
bei uns keine andern Insekten als ausgebildete Geschöpfe ein so
hohes Alter wie die Ameisen erreichen. Ich habe Gründe zu vermuten, dass unsere grösseren Laufkäfer, wenn sie allen Unglücks-
fällen, die so zahlreich auf ihren Wegen lauern, entgehen, 2 bis
3 Jahr alt werden. Der englische Naturforscher Baker hielt einen
Todtenkäfer (Blaps mortisaga) über 3 Jahre, Esper den gemeinen
Schwimmkäfer (Dyticus marginalis) $3\frac{1}{2}$ Jahre in Gefangenschaft
und die Königinnen der Bienen leben nach Huber bis zu 2 Jahren.

Woher kommt es denn wohl, dass gerade den Ameisen ein
relativ so langes Leben beschieden ist? — Nun, ich bin geneigt den
Grund dieser für unsere kleinen Freundinnen so erfreulichen Thatsache gleichfalls in ihrem Staatenleben zu suchen oder richtiger: ich
glaube, dass ihre lange Lebensdauer und die Entwickelung ihres
Staatenlebens Hand in Hand gehen. Dieses ist höher und vielseitiger
entfaltet als bei den Bienen, oder gar bei den Hummeln und Wespen
und wird vielleicht nur von dem der Termiten übertroffen. Die
Wespen und Hummeln können bei ihrer kurzen Lebensdauer nicht
viel Erfahrungen sammeln, bei ihnen kann sich keine Tradition
herausbilden, an deren Gegenwart auch bei Tieren ich entschieden
glaube. Bei jenen einjährigen Hautflüglern haben wir es wirklich
mit blosen Instinkten zu thun und diese Geschöpfe handeln gewissermassen nach ererbten Schablonen. Anders die Ameisen. Ein langes
Leben muss, das wird niemand in Abrede stellen, ein Individuum
erfahrungsreicher machen, Erfahrung aber macht klug und diese
Klugheit findet ihren Ausdruck in einer besseren und vielseitigeren
Ausnutzung der Lebensumstände. Nur ein Beispiel der Klugheit
der Ameisen. Mein hochverehrter Lehrer Leuckart hatte, als er
noch Professor in Giessen war, um ein Obstbäumchen, auf welchem
sich der Blattläuse halber viel Ameisen herumtrieben, ein mit Tabaks-
jauche bestrichenes Band gelegt, um die lästigen Gäste von dem
Besuche und damit von dem etwaigen Benaschen der Früchte abzuhalten. Die Ameisen, welche oberhalb des Ringes sich befanden,

stutzten zwar als sie ihren Rückweg durch das ihnen, wie allen Insekten, höchst zuwidere Hinderniss abgeschnitten fanden, aber sie
wussten sich kurz entschlossen zu helfen. Sie kehrten um, kletterten
auf die Äste zurück und liessen sich einfach herabfallen, was sie
ruhig thun konnten, denn eine Ameise, und wenn sie sich 1000 Fuss
herabstürzt, riskiert keinen Hals- oder Beinbruch. Aber die andern,
die gern wieder zu ihren geliebten Blattläusen hinauf wollten, sollten
sich die so ohne weiteres zurückschrecken lassen? Weit gefehlt!
Leuckart sah mit Verwunderung, wie sie umkehrten, mit Erdklümpchen zwischen den Kiefern zurückkamen und sich nun einen
Übergang über das klebrige unliebsame Hemmnis damit bauten.
Alle Philosophen alter und neuer Zeit und sämtliche Theologen dazu
sollen mir nicht weis machen, dass wir hier die instinktive Hand-
lung einer unvernünftigen Kreatur vor uns hätten. Wenn das
Instinkt ist, dann ist die Erfindung der Dampfmaschine auch Instinkt!
Nein, beides ist die durch Überlegung gewonnene, kluge Ausnutzung
gegebener Umstände!

Ich sagte vorher, dass ich an eine Tradition bei Tieren glaube,
und ich freue mich in diesem Punkte, was die Ameisen betrifft,
mit Forel übereinzustimmen. Hören wir, was dieser grosse Beobachter bemerkt: „Immer ist es diejenige Arbeiterin, welche die
günstigste und für den Staat vorteilhafteste Art zu handeln aufgefunden hat, oder die mit der grössten Hartnäckigkeit die andern
mit sich fortzureissen weiss, welche die Majorität ihrer Kameraden
und schliesslich das ganze Volk für sich und ihre Idee gewinnt, —
aber freilich nicht ohne zahlreiche Kämpfe." (Forel, les fourmis
de la Suisse, pag. 151).

Wir müssen, bevor wir zu der Betrachtung der übrigen häuslichen Arbeiten der Ameisen ausser der direkten Brutpflege übergehen, noch einmal von den verschiedenen, bei ihnen vorkommenden Kasten reden, nachdem wir früher bereits deren Gegenwart
überhaupt konstatirt und die mögliche Ursache ihrer Entstehung zu
erörtern versucht hatten.

Das Auftreten verschiedener, scharf getrennter Formen von
Arbeiterinnen bei einer Ameisenart ist in heissen Ländern häufiger
als in gemässigten. Die Ursache dürfte darin zu suchen sein, dass
die Lebensbedingungen dort überhaupt mannigfacher sind und folglich auch eine mannigfachere Anpassung ermöglichen und verlangen
In Deutschland giebt es vielleicht nur eine Art, welche Arbeiterinnen

und Soldaten, die nicht durch Übergänge verbunden sind, hat, das ist Colobopsis truncata, welche wenigstens in der Schweiz vorkommt und wohl im südlichen Baden nicht fehlen dürfte. Diese Form hat neben Arbeiterinnen auch noch Soldaten von etwas grösserer Statur und mit dicken Köpfen, folglich muskulösen und beisskräftigen Kiefern. Ihre in dürren Aesten von Nussbäumen angelegten Nester sind nicht sehr volkreich und sind von den Geschlechtslosen etwa 82 prc. Arbeiterinnen und 18 prc. Soldaten. Eine andere Art (Pheidole pallidula) mit scharf gesonderten Kasten des Arbeiter- und Kriegerstandes findet sich zwar nach Forel in der italienischen Schweiz, sicher aber nicht in Deutschland.

Doch sind auch bei einigen unserer überall an geeigneten Orten häufigen Ameisenarten die Arbeiterinnen sehr verschieden, namentlich in der Grösse und obwohl diese verschiedenen Formen durch Übergänge mit einander verbunden sind, dürften doch wohl die grösseren, teilweise auch stärker bewehrten (Aphaenogaster) Krieger sein. Bei den Arten des Geschlechtes Camponotus, der Ross- oder grossen Waldameise sind diese Schwankungen sehr beträchtlich, bei C. sylvaticus z. B. von 6 bis 14 mm und Forel hat beobachtet, dass die kleineren, denen auch die Brutpflege obliegt, überhaupt viel arbeitsamer als die grossen sind, während diese sich kriegerischer zeigen. Ganz enorm sind bei einer Art von Mittel- und Südamerika (Atta fervens) die Schwankungen in der Grösse der Arbeiterinnen, obwohl bei ihr ausserdem noch besondere Soldaten vorkommen. Die vollständig entwickelten Weibchen messen hier 22 mm, die Männchen 17, die Soldaten 11 und die Arbeiter von 1,6 bis 9,6. Interessant sind die Verhältnisse der Entwickelung der Kasten nach Bates bei den verschiedenen Arten der brasilianischen Wanderameisen (Eciton): bei rapax und legionis finden sich blos Grössenunterschiede, aber mit allen möglichen Übergängen, bei drepanophora ist nicht blos die Grösse, sondern auch die Dicke des Kopfes sehr wesentlichen Verschiedenheiten unterworfen, indessen sind die verschiedenen Formen auch hier nicht scharf gesondert, was dagegen bei erraticus und vastator wohl der Fall ist, ebenso wie bei den Arten der Gattung Cryptocerus.

Nicht immer ist es leicht festzustellen, was der Beruf, die Aufgabe oder das Amt einer gewissen Kaste bei den Ameisen sei. So treiben sich die grossköpfigen Individuen von Cryptocerus immer müssig unter den anderen herum, ohne dass sich sagen liesse, worin ihr

Geschäft besteht. Wenn Eciton drepanophora auf dem Marsche ist, so beteiligen sich die Grossköpfe nicht an der Arbeit. sie tragen nichts, sondern laufen nur ausserhalb der marschierenden Kolonnen in Zwischenräumen. Bates, einer der sorgfältigsten Beobachter der tropischen Tierwelt, fand keinen Beweis für ihren Soldatenstand, sie sind im Gegenteile weniger kriegerisch als die kleinen Arbeiterinnen und ihre Kiefer, obwohl von beträchtlicher Länge, sind nicht so gebaut, dass sie erfolgreich mit ihnen zupacken könnten. Wenn aber Bates fortfährt: „es ist möglich, dass sie auf weniger direkte Art nützen als unverdauliche Beute für Vögel, denen die gekrümmten und gedrehten Kiefer im Verdauungsapparate Unbequemlichkeiten verursachen können," und an einer andern Stelle den grosskieferigen Arbeiterinnen von Oecodoma cephalotes eine ähnliche Rolle zuschreibt, so muss ich gestehen, dass mir das sehr wenig wahrscheinlich ist. Vielleicht aber nehmen sie bei nahender Gefahr sog. Drohstellungen an, sperren ihre Kiefern auf und setzen so den Feind in Schrecken. Ohne Analogie wäre dies nicht: wenn unsere Ohrwürmer die Zange am Hinterleibsende geöffnet erheben, nehmen sie auch nur eine Drohstellung an, denn sie vermögen mit diesem so gefährlich aussehenden Apparat nicht das geringste Unheil anzurichten.

Die südamerikanische Gattung Eciton wird im tropischen Afrika durch die ganz ähnlich lebende, blinde Gattung Anomma vertreten, welche drei Kasten von Geschlechtslosen hat. Es gelang Savage über die Mission dieser drei Kasten einigermassen ins Reine zu kommen: die grösste hat stark gekrümmte Kiefer mit langen scharfen Spitzen, sie ist durch ihren Mut und ihre Kampfbegier deutlich als die militärische gekennzeichnet. Die zweite Kaste ist kleiner, hat gerade scharfe Kiefer mit einem stark entwickelten Zahn und ihre Hauptaufgabe ist, obwohl sie auch den Kriegern nötigenfalls beisteht. die gemachte Beute in bequeme Stücke zu zerreissen und zu zerschneiden, welche dann von der dritten, sehr kleinen Kaste fortgeschafft werden. Wenn irgend eine Beute gemacht oder ein grösserer ·Tiercadaver gefunden ist, so herrscht zunächst in der ganzen Kolonne Verwirrung, alle Kasten laufen durcheinander, die einen rennen nach vorn, die anderen nach hinten. Aber bald bringen die Soldaten Ordnung in die Sache und veranlassen einen regelmässigen Hinmarsch leerer Lastträger zur Nahrungsquelle, — nachdem vorher eine Art Chaussee von dieser bis zur vorübergehenden Wohnstätte errichtet war, — und einen geordneten Rückmarsch der beladenen.

Sie selbst stellen sich in gewissen Zwischenräumen an beiden Seiten des Pfades auf, und sehen, dass die Ordnung nicht gestört werde. Anomma widerlegt also bis zu einem gewissen Grade den Ausspruch des alten Königs Salomo: „ob sie (die Ameise) wohl keine Fürsten, noch Hauptmann, noch Herrn hat, bereitet sie doch ihr Brot im Sommer, und sammelt ihre Speise in der Ernte", denn die Soldaten sind Anführer und finden Gehorsam. Eine interessante Arbeitsteilung der beiden Kasten der Hausameise von Madeira (Pheidole s. Oecophthora pusilla) beobachtete Heer: er sah, wie die Soldaten das Fleisch eines Beutestückes mit ihren gewaltigen Kiefern zerschnitten und die Arbeiterinnen es fortschafften, aber nie beteiligten sich die ersteren an der letzteren Arbeit.

Ähnlich wie bei Anomma finden sich bei Atta (Oecodoma) texana drei Kasten: Riesen mit grossen Köpfen und starken Mandibeln, welche zu faulenzen scheinen, zweitens kleinere, die Pflanzenteile, Laubstücke u. s. w. eintragen und eine dritte Kaste, deren Aufgabe darin besteht, die gewaltigen unterirdischen Bauten jener Tiere anzulegen. Lincecum sagt, diese letztere Form arbeite sehr träge und mit Widerwillen, fast als ob sie sich in Sklaverei befände. In der That hat er dieselbe auch, aber selten für sich ohne die beiden anderen Kasten angetroffen, dann aber immer in nur geringer Zahl, während in den grossen, gemeinsamen Nestern ihre Menge eine bedeutende ist.

Die Beobachtungen über das Kastenwesen der Ameisen, namentlich über die Bedeutung der einzelnen Kasten für den Staat, sind noch sehr lückenhaft und das darüber Veröffentlichte ist teilweise mit Vorsicht aufzunehmen, weil nicht immer kaltblütige Naturforscher sondern öfter phantasievolle Laien die Beobachter waren. So ging vor nicht langer Zeit eine Nachricht über Siamesische Ameisen durch die Zeitungen, die mir nicht ganz unverdächtig ist. Es wurde der Zug dieser Tiere fast genau so beschrieben, wie Bates den Marsch von Eciton drepanophora geschildert hat, nur wurde hinzugefügt, auf den grossen, die marschirende Kolonne flankirenden Soldaten sässen kleinere, welche als berittene Hauptleute fungierten. Es mag sein, dass ab und zu eine kleinere Ameise sich von einer grösseren ein Stück tragen lässt, aber das thut sie sicher nur weil sie ermüdet ist, keineswegs jedoch in der Eigenschaft einer angesehenen, machthabenden Persönlichkeit.

Es wurde früher erwähnt, dass die Thätigkeit einer Ameisenarbeiterin nach ihrem Alter eine verschiedene sein kann. Verändert sich der äussere Habitus infolge der veränderten Thätigkeit, dann kann es den Anschein gewinnen, als ob wir es bei der betr. Form mit einer besonderen Kaste zu thun hätten, was doch thatsächlich nicht an dem ist. Mir sind blos zwei hierher gehörige, durchaus analoge Fälle bekannt, von denen indessen nur der eine und zwar durch die Meisterfeder Mac Cooks genau beschrieben ist. Er betrifft die seltsame Honigameise.

Der Staat Colorado (U. S.) ist reich an natürlichen Parks, Gebirgsthälern mit lieblicher Abwechselung von Wiesen, Hainen und Wäldern. Einer der schönsten dieser Parks führt den Namen des „Gartens der Götter" und liegt in einer Höhe von circa 6200 Fuss. Hier war es, wo Mac Cook seine berühmten Beobachtungen an den Honigameisen anstellte.

Die Honigameise, eine Bewohnerin von Mexiko, Neumexiko und Colorado, war den Einwohnern dieser Gegenden längst bekannt, sie wurde zuerst 1832 von Dr. Pablo de Llave beschrieben, jedoch erst 1838 von dem berühmten Entomologen Westmael unter dem Namen Myrmecocystus mexicanus, „die mexikanische Blasenameise" in die Wissenschaft eingeführt. Bei dieser Ameise kommen vier verschiedene Arbeiterinnen vor, von denen sich drei blos durch ihre Grösse unterscheiden: die eine misst 8.5, die zweite 7 und die dritte 5,5 mm. Sehr abweichend erscheint die vierte Form, weniger dadurch, dass sie eine Länge von 13 mm erreicht, als wie vielmehr dadurch, dass ihr Abdomen als eine bernsteinfarbene, halbdurchsichtige Kugel erscheint. Betrachtet man das Abdomen genauer, so sieht man auf der Mitte der Rücken- und Bauchseite je eine kleine Reihe weit auseinander gelegener Hornplättchen — mit andern Worten: das Abdomen ist wie bei einem hochträchtigen Ameisenweibchen durch Anschwellung innerer Organe aufgetrieben, die Chitinstückchen, welche die Ringe des Hinterleibes zusammensetzen, sind infolge dessen von einander getrennt und die Intersegmentalhaut ist so stark ausgespannt, dass sie durchscheinend geworden ist. Eine anatomische Untersuchung lehrt nun, dass diese Auftreibung dadurch zustande kommt, dass der Saugmagen, eine in die Abdominalhöhle hineinragende kropfartige Erweiterung der Speiseröhre so prall mit einer honigartigen Masse gefüllt ist, dass nicht nur alle übrigen Organe jener Körperregion auf das Äusserste zusammengepresst, sondern durch den von Innen wirkenden Druck auch die Intersegmentalhäute des Hinterleibes fast bis zum Platzen ausgespannt sind. Von der Masse des Honigs und der dadurch bewirkten enormen Erweiterung des Kropfes u. s. w. kann man sich am besten eine Vorstellung machen, wenn man erfährt, dass das Gewicht dieses Honigs mehr als achtmal grösser ist, als das des ganzen Körpers ohne denselben. Infolge dessen sind diese Tiere, welche man wohl als eine besondere Kaste von Myrmecocystus angesehen und die „Honigträger" genannt hat, höchst unbeholfen, genau so wie die hochträchtigen Königinnen oder wie etwa jene gelegentlich zur Schau gestellten Monstra von Mastschweinen. Sie bewohnen in den Nestern besondere Kammern, deren Decke sich vom Boden dadurch unterscheidet, dass sie rauh gelassen und nicht geglättet ist, wodurch es den Honigträgern möglich wird, sich an derselben mit ihren Füssen angeklammert festzuhalten. Dieses ist ihre natürliche Stellung, fällt durch Zufall eine herunter und kommt auf den Rücken zu liegen, so ist sie völlig hilflos und auf den Beistand der andern Arbeiterinnenformen angewiesen. Wird ein Nest geöffnet oder sonst wie in gefährlicher Weise belästigt, so ist es eine Hauptsorge der Arbeiterinnen ihre Honigschwestern eiligst zu retten, eine Sache, die mit Schwierigkeiten verbunden ist, denn die unbeholfenen Geschöpfe müssen stellenweise gewälzt werden wie volle schwere Fässer. Die grösste Zahl derselben in einem Neste ist ungefähr 600 und Mac Cook berechnet, dass ihrer etwa 1000 ein halb Kilo Honig liefern würden.

Sind diese Honigträger wirklich eine besondere Kaste? Mac Cook verneint diese Frage und, wie mir scheint, mit vollem Recht. Er behauptet, es wären gewöhnliche Arbeiterinnen meist der grösseren, gelegentlich auch der kleinern Form, welche von ihren Geschwistern künstlich zu Honigreservoiren umgebildet, gewissermassen herangemästet würden, eine Prozedur, welche vielleicht dann mit ihnen vorgenommen wird, nachdem sie ein gewisses Alter erreicht haben und zum aktiven Arbeiten nicht mehr recht geschickt sind. Denn die Honigträger sind nicht die Honigsammler, sie lassen sich nicht mit der Arbeiterbiene, sondern höchstens, wenigstens ihrer Bedeutung nach, mit einer Zelle der Honigwabe vergleichen.

Den Honig selbst sammeln die normal beschaffenen Arbeiterinnen. Nach Sonnenuntergang rücken diese aus und marschieren ohne besondere Anführer zu benachbarten, oft 50 Fuss entfernten Büschen einer Zwergeichen-Art, an welcher sich, klumpenweise bei einander

gelegen, kleine braunrote Gallen einer Gallwespe finden. Diese
sondern, solange sie noch von den Tochtermaden der Erzeugerinnen
bewohnt sind, auf ihrer Oberfläche kleine Tröpfchen einer angenehm
süss schmeckenden Feuchtigkeit ab, und zwar so reichlich, dass die
Ameisen dieselben dreimal in einer Nacht abernten können. Das
thun sie, indem sie ihren Kropf in normalem Grade füllen, worauf
sie den Rückmarsch zum Neste antreten. Hier füttern sie nun die
Honigträger nicht selbst, es wird ihnen der eingeheimste Seim vielmehr am Neste von andern Arbeiterinnen abgenommen, in deren
Schlund sie die Süssigkeit hineinbrechen und von diesen gelangt
dieselbe dann in derselben Weise zu den Honigträgern, welche ihrerseits im Falle des Bedarfs den übrigen Mitbewohnerinnen des Nestes
von dem in ihnen aufgestapelten Überflusse wieder herausgeben
müssen. Es liesse sich denken, dass diejenigen Arbeiterinnen, welche
den Honig von den Sammlern in Empfang nehmen und zu den
lebenden Fässern oder Schläuchen weiterspedieren, einen zeitlichen
Übergang zwischen diesen und jenen darstellen, dass das fortgesetzte
Übermitteln der Flüssigkeit, welche sie wohl von mehreren Sammlern
entgegennehmen werden, ihren Kropf nach und nach so ausdehnt,
dass sie endlich selbst zu Reservoiren geschickt werden.

Auf das Verhältnis von Myrmecocystus zu seinen Honigquellen werden wir später bei Betrachtung der Beziehungen der
Ameisen überhaupt zu den Pflanzen noch zu reden kommen. Hier
sei nur bemerkt, dass diese merkwürdige Thatsache nicht vereinzelt
dasteht.

So findet sich in Australien eine alte Baumstrünke bewohnende,
von Sir John Lubbock unter dem Namen Camponotus inflatus
beschriebene Holzameise, bei welcher eine innerlich und äusserlich
ganz ähnlich wie die Honigträger von Myrmecocystus organisierte
Form von Arbeiterinnen vorkommt. Leider sind nähere Einzelheiten
über die Lebensweise dieses interessanten Geschöpfes noch nicht bekannt. Ich möchte aber die Aufmerksamkeit noch auf eine Notiz
Renggers lenken. Nach den Angaben dieses Naturforschers giebt
es in Paraguay eine dort Aracoa genannte Ameise, welche niemals
Nahrungsmittel in fester Gestalt einträgt, sich vielmehr auswärts so
voll Saftes von Blattläusen, aber auch „der Ausschwitzungen der
Blätter und Rinden mehrerer Bäume, namentlich der Pomeranzen-
bäume" saugt, dass sich ihre Bauchringe auseinander geben und das
Abdomen halb durchsichtig wird. Mac Cook erwähnt selbst, dass

einzelne Individuen der amerikanischen Form der gemeinen Waldameise (Formica rufa) in ihrem Saugmagen Honig eintragen und
dass die andern, je 2 bis 3, sich von ihnen, oft unter Anwendung
von Gewalt, atzen lassen. Er nennt diese Individuen „Repletes.‟
Der Zahl nach ist bei den meisten festgesiedelten Ameisen,
wenn sie gar nicht oder nur in geringem Grade Sklavenhalter sind,
die Kaste der eigentlichen Arbeiterinnen die erste und sie ist es damit für den ganzen Staat überhaupt, denn ihr fällt abgesehen vom
Eintragen der Nahrung und der Aufzucht der Brut, auch noch die
Sorge für die Herrichtung und Instandhaltung des Nestes zu. Sie sind
die wahren Architekten und ihre Leistungen auf diesem Gebiete
wollen wir einmal kurz betrachten.

Nicht alle Ameisen haben feste Niederlassungen. Wie unter
den Menschen giebt es auch unter ihnen Nomaden ohne bestimmten
Wohnsitz, die immer auf der Wanderschaft sind, höchstens einmal
hier oder dort für kürzere Zeit Quartier nehmen, namentlich dann,
wenn eine hochträchtige Königin sich unter ihnen befindet. Denn
diese müssen entsprechend der Kopfzahl der Völker sehr umfangreich
und schwer transportabel sein (W. Müller). Ihre Larven und Puppen
schleppen sie, nach Art echter Nomaden mit sich herum und nach
Art echter Nomaden ist ihre, im Sinne von Ameisen „kulturelle‟
Entwicklung nur eine geringe. Solche nicht sesshafte Völker sind
die schon öfter erwähnten amerikanischen Wanderameisen (Eciton) und
afrikanischen Treiberameisen (Anomma, Ponera?). Den letzteren
dient eine Felsspalte oder flache Höhlung als Unterschlupf, solange
bis eine Gegend ausgeraubt ist, dann ziehen sie weiter. Und doch
sind auch sie wie manche Ecitonarten geschickte Maurer. Sie ziehen
in der Regel nur bei Nacht oder an kühlen Tagen. Sind sie einmal
genötigt bis spät in den Morgen hinein oder gar an einem sonnigen
Tage zu wandern, so bauen sie in dem Maasse, wie sie weiter
marschieren, Gewölbe aus Erdkrümmelchen über ihren Weg, die
durch Speichel cementiert werden. Geht der Marsch durch dichtes
Gras oder unter abgefallenem Laube, so bleibt die Decke des
Ganges weg oder ist wenigstens da nicht geschlossen, wo anhaltender
dichter Schatten auf dieselbe fällt. Setzt man diese Tiere den direkten
Sonnenstrahlen aus, so sterben sie in wenigen Minuten und um so
rascher, je mehr die Hitze durch die Wiederstrahlung der Umgebung
gesteigert ist. Bemerkt sei, dass auch die Sammlerinnen bei der erwähnten mexikanischen Honigameise, welche gleichfalls nächtlich arbeiten,

das Sonnenlicht durchaus nicht vertragen können und unter seinem Einflusse bald verenden.

Eciton hamatum lässt sich gleichfalls nur vorübergehend in hohlen Bäumen oder zwischen Wurzeln nieder, ohne das bezogene Quartier durch eigne Arbeit wesentlich zu ändern. Von hieraus unternimmt es seine Raubzüge und wenn sein Wild in der Umgebung anfängt knapp zu werden, so zieht es von dannen, um sich neue, noch wohlbestandene Jagdgründe zu suchen. Aus dem Geschlechte Eciton bauen sich drei Arten (crassicorne, vastator, erraticum) beim Marsche wie die afrikanische Treiberameise Tunnels und zwar, wie Bates versichert, mit rasender Schnelligkeit in dem Maasse, wie sie vorrücken. Die Erdpartikelchen werden vom umgebenden Boden genommen und ohne Kitt aneinander gefügt und das Ganze hält sich nach denselben Gesetzen, nach denen sich die von Menschen konstruierten Gewölbe halten.

Das Nomadentum der Ameisen repräsentiert jedenfalls nicht, wie meistens bei den Menschen, einen älteren ursprünglicheren Zustand, welcher der Gewohnheit sich fest niederzulassen vorangegangen ist. Umgekehrt! Es ist eine sekundäre Anpassung, denn die Sitte bleibende Brutstätten zu suchen, aus der doch das Staatenleben sich entwickelte, ist bei den Hautflügern älter als die Teilung dieses Insektenstammes in die gegenwärtig noch existierenden Familien.

Daher müssen wir auch das Wohnungsschmarotzerthum, das bei einigen Ameisen vorkommt, als eine vom alten Brauche abweichende Sitte neueren Datums betrachten. Einer solchen Ameisenform gedenkt, ohne ihr einen wissenschaftlichen Namen beizulegen, Rengger in seinem Werke über Paraguay: dieselbe haust in den Larvengängen grosser Holzinsekten (Cerambyciden, Cossus u. s. w.) und baut keine eignen Nester. Bei uns zu Lande beziehen die kleinen Völker von Leptothorax, sowie im Süden Colobopsis truncata gern die verlassenen Cynipidengallen auf Eichen und Rosen und in Mittelamerika bewohnt Stenomma gallarum diejenigen der Goldrute (goldenrod). Andere Arten in den Tropen sind Mitbewohnerinnen der Bauten andrer Ameisen oder der Termiten und auch bei uns giebt es ein paar Formen, welche in den Nestern andrer Arten als Schmarotzer sich aufhalten, Erscheinungen, auf welche wir bei unsrer Betrachtung der Verhältnisse der Ameisen zu andern Tieren (Vortrag III dieses Heftes) noch einmal zu reden kommen werden, ebenso (im IV. Vortrag) auf die merkwürdigen

Wohnstätten, welche manche Pflanzen diesen ihnen nützlichen Gästen bieten.

Abgesehen von diesen wenigen Formen und einigen Sklaven haltenden Arten bauen sich alle Ameisen besondere Wohnstätten, viele errichten auch noch Gebäude von anderer wirtschaftlicher Bedeutung, graben lange Tunnels und verfertigen kunstvolle Strassen.

Die Ameisen bauen entweder unmittelbar an der Erde, oder in Holz oder sie verfertigen endlich meist aus Pflanzenstoffen Nester auf den Zweigen oder an den Blättern der Bäume. Die verschiedenen Arten wählen, auch wenn sie im Allgemeinen gleiche Baugewohnheiten haben, verschiedene Lokalitäten zur Anlage ihrer Kolonien, verfahren dabei aber häufig mit sehr viel Freiheit, ja die meisten Arten halten sich überhaupt nicht strikt an eine Norm.

Sumpfige oder Überschwemmungen öfters ausgesetzte Stellen werden bei Gründung eines auf dem Boden befindlichen Nestes möglichst vermieden. Dies ist jedoch nicht immer thunlich. So lebt nach Barbateau auf den westindischen Inseln in den Zuckerplantagen zwischen dem Wurzelgewirr des Zuckerrohrs eine sehr häufige Ameise. Jene Plantagen werden sehr oft überschwemmt und das Wasser bleibt bisweilen lange in ihnen stehen, dann klettert die Ameise auf das Rohr und baut in den Blattwinkeln der Pflanze neue Nester. Die Honigameise vermeidet die Abhänge der Hügel, die Thäler und Wasserrisse und legt ihre Bauten fast immer auf dem Kamm der Höhenzüge an, so dass die heftigsten Regengüsse denselben keinen Schaden zufügen, während die Nester einer andern Art (Pogonomyrmex occidentalis), welche mit jener die gleichen Gegenden bewohnt, aber sich im Thale ansiedelt, von denselben schwer zu leiden haben. Manche Formen lieben heisse sonnige Stellen als Wohnstätten, während andere schattige Orte vorziehen; die einen findet man ausschliesslich auf Wiesen, andere nur im Walde; manche ziehen Nadel- manche Laubholz vor. Doch auch sie Alle binden sich nicht sklavisch an eine Gewohnheit, sie lassen sich vielmehr klugerweise gar sehr durch die Umstände bestimmen. So sah, um nur eines Beispiels zu gedenken, Lincecum, wie in dem heissen trocknen Sommer des Jahres 1861 Oecodoma texana, die im freien Felde zu bauen pflegt, ihre alten Städte verliess, um, ganz gegen ihre Gewohnheit, im dichten schattigen Walde neue anzulegen. Nach Forel ist auch die Bauart der Nester ein und derselben Ameisenart unter Umständen nach der Jahreszeit verschieden, dann weiter danach, ob sie ein kleines oder ein grosses Volk beherbergen. So miniren diejenigen Formen, welche gewöhnlich gemauerte Erdnester bauen, in dem Boden, solange ihr Volk noch wenig zahlreich ist. Formica pratensis, truncicola, pressilabris, namentlich aber sanguinea legen, obwohl ihre Nester in der Regel aus reiner Erdmasse bestehen, dieselben doch auch manchmal unter Steinen an, ja einige dieser Arten werden gelegentlich in alten Baumstücken in gemeiselten Wohnungen aufgefunden, aber Forel vermutet, dass sie dieselben nicht selbst verfertigt, sondern von andern Arten erobert haben.

Ein bemerkenswerter Unterschied zwischen den inneren Verhältnissen der Bauten der Ameisen und der übrigen socialen Hautflügler liegt darin, dass die ersteren Insekten auch in diesem Punkte weit schmiegsamer sind als die letzteren. Diese doch bauen ihre Zellen unveränderlich in einer ganz bestimmten Gestalt und befolgen unabänderlich eine feststehende Bauordnung; jene entbehren derselben, jedoch gibt Forel, der gründlichste Kenner der Myrmecoarchitektur an, dass man gelegentlich Spuren von Symmetrie in der Anlage der inneren Räume der Ameisenbauten bemerken könne. Ich zweifele nicht, dass die Hauptursache davon, dass die Ameisen im Gegensatz zu den Bienen und Wespen unregelmässige Zellen bauen, zunächst in dem Materiale, aus dem diese hergestellt werden zu suchen ist. Nur wenige Ameisen verfertigen Stoffe, welche sich der Papiermasse, aus der die Wespen oder gar dem Wachs, aus dem die Bienen ihre Zellen aufführen, vergleichen lassen. Die meisten graben ihre Gelasse, sei es in die Erde oder in das Holz, oder errichten aus Erdkrümelchen, Pflanzenresten u. s. w. ihre von Gängen und Gemächern durchzogenen Haufen, immer aber haben sie mit Substanzen von ungleichartiger Beschaffenheit zu thun, die sich nicht, wie Wachs und weicher Papierbrei, in regelmässige Formen bei so kleinen Dimensionen zwingen lassen. Möglicherweise, sogar wahrscheinlich wird dies der Fall sein, wenn es sich um Bauten solcher Ameisen handelt, und es gibt deren, die ähnliche Massen wie die Wespen selbst verfertigen. Interessant ist mir in dieser Hinsicht eine Notiz Mac Cooks. In Mittelamerika lebte eine Ameise (Atta fervens), welche ihre Nester zwar unter dem Boden anlegt, in den Höhlen derselben aber aus einer papierartigen Substanz Zellen von verschiedener Grösse baut, welche zwar unregelmässig von Gestalt sind, aber doch immer einen Anklang an den sechseckigen Grundtypus,

4*

den die Bienen und Wespenzellen so streng durchgeführt zeigen, bewahren.

Doch nicht allein in dem Material, aus dem die Ameisen ihre Bauten verfertigen, ist die Ursache zu sehen, dass diese die alte Regelmässigkeit, wie wir annehmen müssen, eingebüsst haben, eine zweite liegt auch darin, dass jene Tiere ihre Larven nicht, wie Wespen und Bienen, einzeln in mit möglichster Ausnutzung des Raumes konstruirte Zellen eingeschlossen aufziehen, sondern dass sie dieselben in grösserer Menge frei neben einander liegen lassen. Bei den Bienen und Wespen verfahren die bauenden Individuen der Republik ausserdem auch nach einem einheitlichen Plane, was bei den Ameisen nicht der Fall ist, „jedes Individuum baut vielmehr auf eigene Faust, und so kann die Eine einreissen, was die Andere fertig gestellt hat" (Forel).

Zu jeder Stunde des Tages und der Nacht sind die Ameisen mit Bauen beschäftigt und das Mauern geht während der kühlen Nachtstunden sogar besser, da die Erde weniger rasch austrocknet. So kommt es, dass man am Morgen oft kuppelförmige Hügelchen (von Lasius niger und Tapinoma caespitum errichtet) da bemerkt, wo man am Tage vorher die Gegenwart eines Nestes überhaupt nicht ahnte. Auch die Sauba-Ameise Südamerikas arbeitet ununterbrochen, aber, wie Rengger berichtet, nur dann an allen Seiten des Nestes, wenn das Wetter sehr schön ist, sonst nur auf der Seite, welche von Wind und Regen abgekehrt ist. Die Witterung ist natürlich für die Ameisen wie für die Menschen ein sehr wichtiger Faktor, mit welchem sie bei der Ausführung ihrer Bauten zu rechnen haben. Huber beobachtete, wie Ameisen beim Mauern durch einen heftigen Nordwind gestört wurden, der die feuchten Erdklümpchen, mit denen sie beschäftigt waren, sofort austrocknete, sodass sie zu Staub zerfielen. Die klugen Tiere hörten auf zu bauen, ja sie rissen sogar die schon fertig gestellte Mauerstrecke wieder ein und schafften die ausgetrocknete Erde zur abermaligen Durchfeuchtung zurück in die Tiefe des Nestes.

Das Austrocknen der Erde ist wohl auch der Grund, dass manche an offenen Stellen hausende Ameisen während der heissen Mittagsstunden nicht mauern, wie z. B. die Mexiko und Texas bewohnende Pogonomyomex barbata, die indessen auch nur dann die Nachtstunden zur Arbeit zu benutzen pflegt, wenn dieselbe sehr dringlich ist, wenn z. B. das Nest etwa stark beschädigt wurde. In diesem Punkte sind sie klüger wie manche ihrer Gattungsgenossen, welche den Fleiss übertreiben und dem Staate dadurch schaden anstatt ihm zu nützen. So erzählt Forel, dass unsere gemeine Waldameise (Formica rufa) bisweilen so emsig an der Vergrösserung ihres Nestes arbeite, dass die Zunahme des Volkes damit nicht gleichen Schritt halten könne und das Haus zu gross für seine Bewohner würde. Dann gehen die ältesten, in der Tiefe gelegenen Teile des aus Pflanzenresten zusammengeschleppten Haufens in Zersetzung über, der Zugang zu den Souterrainräumen wird immer schwieriger, die Ameisen sind gezwungen sich immer mehr auf die höher gelegenen Gelasse zu beschränken und endlich, oft nach jahrelangem Zaudern, sehen sie sich doch genötigt, die ihnen so liebe Heimat aufzugeben und in unbekannter Ferne eine neue zu gründen. Ungern allerdings, — denn die meisten Ameisen besitzen eine grosse Anhänglichkeit an die Stätte ihrer Geburt, ja Lubbock versichert, dass sie dieselbe sogar nach und nach für die künstlichen Nester bekämen, in welchen sie in der Gefangenschaft gehalten würden. Umsomehr muss die Sitte des auch bei uns einheimischen Tetramorium caespitum befremden, das seinen Wohnsitz häufig zu wechseln liebt, und sich und die Seinen mit erstaunlicher Schnelle und oft auf bedeutende Entfernungen umquartiert. —

Die Einteilung, welche Forel den Nestern der schweizer Ameisen vom architektonischen Standpunkte aus und ohne Berücksichtigung der Verwandtschaft der Baumeister untereinander giebt, dürfte wohl für die Nester der Ameisen auf der ganzen Erde genügen. Der grosse Meister unterscheidet: aus reiner Erde verfertigte, in Holz ausgemeiselte, aus Papiermasse etc. hergestellte, in zusammengesetzter Weise gebaute und in abnormer Art angelegte Nester. Die aus reiner Erde verfertigten haben entweder gemauerte Kuppeln, oder sind in die Erde gegraben oder sind endlich unter Steinen gelegen. Die in Holz gemeiselten Wohnstätten befinden sich entweder in dem eigentlichen Holze selbst oder in der Rinde, die abnormen werden in Mauern, Felsen, Gebäuden angetroffen oder bestehen aus ungewöhnlichen Substanzen. In den Nestern, welche auf zusammengesetzte Art gebaut sind, verbinden sich mit in die Erde gegrabenen Souterrainräumen oberhalb der Erde gelegene Haufen oder Kuppeln, welche aus allerlei zusammengeschlepptem Materiale bestehen, oder sie stellen in faulenden zum Teil in Holzerde übergehenden Baumstümpfen eine Vereinigung von gegrabenen Erd- und gemeiselten

Holznestern dar. Von den Bauten ausländischer Arten könnten wir noch die erwähnten von Atta fervens mit hierher rechnen, da sie eine Verbindung von gegrabenen und aus selbstverfertigter Substanz hergestellten Nestern bilden.

Wir wollen unsere kurze Betrachtung mit der aberrantesten Art der Nester, mit denen aus Forels dritter Gruppe beginnen, welche aus papier- oder leinwandartiger von den Tieren künstlich bereiteter Masse bestehen. Bei uns zu Lande versteht sich blos eine Art, nämlich Lasius fuliginosus auf die Kunst der Bereitung von Holzpapier. Sie wohnt meistens in alten Baumstukken und verarbeitet deren Holz zu einer ganz homogenen Masse, aus welcher die Wandungen der Gallerieen und Zimmer aufgeführt werden. Gerade diese Art besitzt verhältnismässig sehr ansehnliche Speicheldrüsen, deren Sekret ohne Zweifel das Bindemittel zu den sehr fein zerkleinerten Holzpartikelchen darstellt.

Die meisten Formen indessen, welche in dieser Art teils mineralische teils pflanzliche, selbst animalische Stoffe verarbeiten, gehören den wärmeren Ländern an und finden sich in der Neuen Welt von Mexiko bis Südbrasilien und Paraguay, sowie auf den westindischen Inseln, im südlichen und tropischen Afrika und von Südchina durch ganz Indien und auf den Inseln bis Australien. Die Arten gehören hauptsächlich den tropischen Gattungen Polyrhachis, Cremastogaster und Oecophylla an, doch gesellen sich auch Vertreter der Gattung Formica (gibbosa in Indien) und Camponotus (senex in Mexiko) hinzu. Manche vereinigen eine Anzahl Blätter eines Baumes mittelst einer spinnwebartigen Substanz und verfertigen so eine Art Tasche, in deren Innern sich erst das eigentliche aus Papiermasse bestehende Nest befindet. Andere bereiten das Papier aus Pflanzenhaaren so z. B. Polyrhachis s. Dolichodeirus bispinosus und bauen daraus an der Unterseite grosser Baumblätter zierliche runde oder ovale, mit einem zentralen Eingang versehenem Nestchen. Manche bilden aus Erde, Sand, Thon, zerkleinerten Holzfasern u. s. w. grosse, schwarze Massen, welche in Nordbrasilien als Negerköpfe bezeichnet werden. Cremastogaster Kirbyi aus Ostindien verfertigt seine an Zweigen hängenden Wohnungen aus Kuhdünger, der zu dünnen flachen Schindeln oder Ziegeln verarbeitet wird, welche sich von oben her deckend übereinander legen. Oben ist das ganze dann mit einer halbrunden kalottenartigen Kuppel überwölbt und im Innern finden sich zahlreiche unregelmässige Zellen, deren Wandungen aus derselben Substanz wie die Aussenseite bestehen. Der Kuhdünger spielt übrigens auch in den europäischen Alpen für manche Ameisen eine wichtige Rolle. Auf den Almmatten, wo Steine selten sind, hausen Formica fusca und Myrmica lobicornis unter alten, vertrocknenden Kuhfladen und Forel fand einmal in einem solchen ein allerliebstes Nestchen von Tapinoma caespitum und in einem andern sehr grossen ein ganzes Volk von Camponotus ligniperdus. Lund berichtet uns, dass im südlichen Brasilien eine Ameise (er nennt sie Formica merdicola, wahrscheinlich ist es ein Cremastogaster) ihr Nest an sumpfigen Stellen zwischen Pflanzenhalmen etwas über dem Boden aus dem Miste von Pferden und Maultieren verfertige. Hier entsteht nun die Frage, was nahmen die Vorfahren dieser Tiere zur Herstellung ihrer Wohnstätten, bevor das Pferd und das Maultier durch den Europäer eingeführt waren?

In den Tropen werden Ameisennester auf Bäumen und zwischen Rohr und Gräsern in der Regel da gefunden, wo das Terrain Überschwemmungen ausgesetzt ist. Das fiel selbst Livingstone, der eher alles andere als ein Zoologe war, in Südafrika auf; Sallé fand solche Nester auf St. Domingo in Sumpfgegenden, welche während der Regenzeit einen grossen See bilden und Lonbiere erzählt in seiner Geschichte von Siam, dass in einem den Überschwemmungen sehr ausgesetzten Teile dieses Königreichs sämtliche Ameisen ihre Ansiedelungen auf Bäumen hätten, aber in keiner andern Gegend des Landes.

Auch die europäische Fauna enthält einige wenige Arten von Ameisen, welche Bäume zu bewohnen pflegen, freilich keine, welche sich nach Art der tropischen Cremastogaster u. a. m. die Nester aus selbstbereiteter Substanz verfertigen, sondern solche, welche im Holze der Äste sich Behausungen durch Nagen herrichten. So legt Camponotus marginatus seine Wohnung in abgestorbenen Ästen der Nussbäume hauptsächlich aber der Eichen bisweilen höher als zehn Meter über dem Boden an, Colobopsis truncata beobachtete Forel in dem sehr harten aber trockenen Holze von Birnbäumen, und die Leptothoraxarten in der dicken Rinde von Fichten, Eichen und Nussbäumen. Eine schwarze Ameise von Texas greift Eichen und Cedern, aber nur in frischem Zustande an und bildet, während sich unsere Baumameisen meist nur zu kleinen Völkern zusammen thun, sehr volkreiche Staaten, wobei sie mit der Zeit den Baum auf eine Strecke von 6 bis 7 Fuss aushöhlen.

Unsere bekanntesten Holzameisen (Camponotus herculeanus und ligniperda) legen ihre Nester am Fuss der Bäume, wo sie eine entrindete Stelle finden, oder in noch gesunde Stukken oder Stubben, in solide Wurzeln, selbst in Balkenwerk, immer aber in totes gesundes Holz an.

Einfach in die Erde gegrabene Wohnungen der Ameisen sind nicht leicht zu entdecken. Die von Formica fusca finden sich nach Forel, dem wir bei der Beschreibung der Baukunst einheimischer Ameisenarten hauptsächlich folgen, auf Wiesen und sind vollkommen unterirdisch, haben nur einen Zugang oder höchstens zwei, welche gerade gross genug sind um eine Arbeiterin ein- und ausschlüpfen zu lassen, sehr versteckt liegen und durch enge, gewundene, oft auch sehr lange Gänge erst in den eigentlichen Wohnraum führen. Die ausgegrabene Erde wird weit weggeschafft, wie es auch die nördlichste der amerikanischen Arten der Gattung Atta (septentrionalis) thut, welche den beim Minieren zu Tage geförderten Sand bei Seite schleppt und gleichmässig verteilt niederlegt. Andere Formen häufen die Erdkrümelchen am Eingang des Nestes in Form eines Walles oder Kraters an, in dessen Mitte sich die Hausthür befindet, wieder andere verfertigen, oft unter kluger Benutzung benachbarter Pflanzenteile, Grasstengel etc., aus denselben über den unterirdischen Behausungen kunstreiche Kuppeln oder Türmchen. Tapinoma caespitum ist früher im Lenz als irgend eine andere Ameise in Thätigkeit. Anfänglich hat ihr Nest keine Kuppeln und sobald die Sonne anfängt wärmer zu scheinen, bringen die Arbeiter die Eier aus dem Erdgeschosse, wo sie überwintert hatten, unmittelbar unter die Oberfläche. Hier schlüpfen die Eier schnell aus und die Larven wachsen, mit ihnen aber auch das umgebende Gras und Krautwerk, sodass das Nest überschattet wird. Nun beginnen die Ameisen Hunderte von Türmchen von cylindrischer Gestalt, mit einem Durchmesser ungefähr von der Grösse eines Fünfmarkstücks und von 2 bis 3 Zoll Höhe zu errichten, welche mehrere Zugänge aufweisen, aus lockerer Erde bestehen, Pflanzenstengel zum Gerüste haben und ebenso innen, wo weder stützende Erdsäulchen noch Gallerien sich finden, von Grashälmchen durchzogen sind. Auf diesen und an den Wandungen sitzen Arbeiterinnen mit je einer Larve oder einem Klümpchen Eier zwischen den Kiefern. (Forel, l. c. pg. 167.)

Eine unsrer gemeinsten Ameisen ist die kleine braune Gartenameise (Lasius niger) und ihre Baukunst ist schon von Huber eingehend studiert worden. Das Wachstum der von dieser Art konstruierten, oberirdischen Kuppeln geht Hand in Hand mit der Zunahme des Umfangs, welchen der Tiefbau gewinnt, indem sie etagenweise mit dem durch das Graben gewonnenen Material erhöht werden.

Huber und Forel haben die Ameisen auch bei ihrer Maurer-arbeit belauscht. Mit ihren Kiefern graben die wunderbaren Tier-chen die Erde aus, kneten sie und bilden kleine Kügelchen aus ihr, die leicht an einander haften. Fügen sie diese an einander, so betasten sie dieselben von allen Seiten mit ihren Fühlern und nehmen so zu sagen Mass. Ihre geschlossenen Kiefer sind ihr Grab-scheit und ihre Mauerkelle und die Endabschnitte der Vorderbeine dienen als Hilfsinstrumente; werden sie dieser Körperteile beraubt, dann sind sie nicht mehr im stande ihr Bautalent zu verwerten.

In der Anlage der unterirdischen Teile des Nestes verfolgen die minierenden, Kuppeln bauenden und unter Steinen hausenden Ameisen demselben Plan. Es lässt sich ein zentraler Teil, der wohl wie bei den Städten der Menschen der älteste ist, und ein peri-pherischer unterscheiden. In jenem liegen die Gemächer dicht bei einander und die Gallerien und Gänge laufen nahe neben einander her. in diesem werden die soliden Zwischenräume zwischen den manigfachen Höhlungen breiter und breiter und schliesslich endigen die Gänge entweder mit einer Thüre nach aussen oder in der Erde in einen Saal. Die erdarbeitenden Ameisen sondern sich überhaupt nicht scharf nach der Art wie sie ihr Handwerk betreiben: eine Kuppel bauende kann gelegentlich minieren, oder eine minierende unter einem Steine wohnen, aber meist hat doch jede Form eine be-sondere architektonische Richtung, der sie im Allgemeinen den Vor-zug giebt.

Derartige Erdarbeiter finden sich natürlich auch unter ausser-europäischen Ameisen, wir kennen aber, namentlich durch die Unter-suchungen des eifrigen Mac Cook, blos die amerikanischen näher. Es scheint die Leistungsfähigkeit der Ameisen auch in dieser Beziehung äquatorwärts zuzunehmen, wenigstens sprechen die ungeheuren Bauten, von welchen die Durchforscher von Texas, Mexiko, Brasilien, Para-guay berichten, für diese Annahme.

So sind die Nester von Atta fervens in Texas unter Um-ständen gegen 9 Fuss lang und 7 breit, sie bilden ein „Bett" von nackter Erde, auf welchem 20—30 kleine Häufchen frisch auf-

geworfner Erdklümpchen von 3—4 Zoll Höhe stehen. Die minier-
ten Gänge dringen bis zu einer Tiefe von 15 Fuss und der ganze
Boden ist auf einem Raum von 12 Quadratfuss untergraben, ausserdem werden in einer Tiefe von 6 Fuss Tunnel getrieben, welche
eine Länge von 120 Fuss erreichen können. Daneben finden sich
zahlreiche Gemächer, welche bisweilen eine Länge bis fast 3 Fuss
bei einem Fuss Breite und 8 Zoll Höhe erlangen. Während des
Sommers bringen die Ameisen blos schwarzen Humus herauf, denn
dann legen sie ihre Gelasse blos oberflächlich an, sobald aber die
rauhere Jahreszeit naht, gehen sie in die Tiefe und bringen Erde aus
untern Schichten, ja selbst das Bohrmehl des unterstehenden Kalkfelsens
an das Tageslicht. Auch die Honigameise treibt ihre 8—12 Zoll weiten
Gallerien durch Sand und Sandstein in Metertiefe auf eine Länge
von beinahe 8 Fuss und von der Grösse und Tiefe der Nester von
Oecodoma texana erzählt Lincecum fabelhaft klingende Dinge.
Rengger sah in Paraguay Nester der Saubaameise von 20 Fuss
Durchmesser bei 3—4 Fuss Höhe über dem Boden und er berichtet,
dass nach Regenwetter bisweilen Pferde und Maultiere in dieselben
einbrechen, sodass nur ihr Kopf noch über die Erde hervorragt.
In Südbrasilien spielen nach von Ihering die Ameisen gelegentlich sogar als schichtenbildend oder schichtenumwerfend eine geolo-
gische Rolle. An der betreffenden Stelle, wo die Tiere ihre Bauten
hatten, lag eigentlich zu oberst eine Schicht Sand und unter dieser
ein schwerer roter Lehm, die Ameisen hatten aber bei ihren Aus-
schachtungen den Lehm heraufgebracht und ihn über den Sand auf
eine Ausdehnung von 100 Quadratmeter in einer Dicke von 1 Dezi-
meter gleichmässig ausgebreitet.

Bei uns zu Lande finden wir die grössten Bauten unter den
von Forel als gemischte bezeichneten Nestern, welche für uns die
„Ameisennester" schlechthin sind und an welche wir alle zuerst
denken, wenn wir z. B. vom Wimmeln eines Ameisenhaufens reden
oder hören. Wer kennt nicht die Hügel, welche die rothe Ameise
(Formica rufa) am Rande des Waldes oder auf freier Lichtung
im Forste bewohnt? Unwillkürlich hemmt der Wandrer seinen Schritt
und schaut, auch der Rohste, für einen Augenblick dem geschäftigen
Völkchen zu, das, zu seinem Schaden, oft die Neigung hat dicht am
Wege sich niederzulassen, jeder Störung ausgesetzt, ja der albernen
Neckerei des ersten besten Vorübergehenden unterworfen. An
solchen Stellen gedeihen die Nester auch nicht recht, an einsamen

nicht zu schattigen Orten besonders des Nadelwaldes, die selten nur
eines Menschen Fuss betritt, da muss man sie suchen, wenn man
sie in vollster Entwicklung sehen will. Hier werden die Haufen
gross, bisweilen 3—4 Fuss hoch und mit einem Durchmesser von
6 Fuss und mehr! das sind alte Städte, vor Jahren schon gegründet
und mächtig gewachsen im Laufe der Zeiten, denn die Nester von
Formica rufa überdauern auch in ihren Aussenwerken den Winter.
In der Regel liegen unter so günstigen Umständen mehrere nicht
weit auseinander, — eine Metropolis umgeben von ihren Töchter-
städten. Nirgends dürften sie eine grossartigere Entwicklung erlangen können als in den Prairien Nordamerikas, wo Formica rufa
auch heimisch ist.

Den Haufen tragen die eifrigen Wesen aus allerlei Dingen zusammen: dürre Pflanzenstengel, Fichtennadeln, Blattstiele, trockne
Samenkapseln, bisweilen Steinchen, selbst kleinere Schneckenhäus-
chen werden gern genommen. Mehrere Thore führen in den Hügel,
welcher von Gängen durchzogen ist. Trägt man ihn vorsichtig ab,
so gewahrt man, dass, je mehr man sich seinem Zentrum nähert,
das zu seiner Bildung verwendete Material an Grösse abnimmt, die
Erdmasse vorherschender wird und endlich stösst man im Fuss des
Haufens auf ein gewöhnliches gegrabenes Nest. Die erste Anlage
des Baues geschieht nach Forel in einem Erdloche, vielleicht in
der Höhle einer Grille oder in einem alten Neste andrer Ameisen,
Lasius flavus oder niger etwa. Die Arbeiterinnen dringen sofort minierend in die Tiefe, schaffen die gegrabene Erde nach aussen
und schleppen zugleich von allen Seiten die vegetabilischen Reste
herbei. Die ganze Masse verfilzt sich nach und nach durch Druck
und unter dem wechselnden Einflusse von Regen und Sonnenschein.
Formica exsecta baut wie rufa, nimmt aber feineres Material
zur Errichtung der Haufen namentlich auch Stücke dürrer Blätter,
welche diese verschmäht. Formica sanguinea sucht zu demselben
Behufe gern runde Gegenstände, Steinchen etc.

Höchst merkwürdig sind die Nester der in gewissen Gegenden
der südlichen vereinigten Staaten sehr häufigen Pogonomyrmex
occidentalis. Dieselben stellen ovale, nur 6 Zoll hohe Haufen
von circa 5 Fuss grösstem Durchmesser dar, um welche herum sich
ein mehrere Fuss breiter, von aller Vegetation freier tennenartiger
Raum, eine Art Glacis befindet. Der Hügel ist mit Kiesstückchen,
die oft zehnmal schwerer als eine solche Ameise sind, völlig über-

pflastert. Ganz ähnlich, nur grösser sind die Haufen, welche eine verwandte Art (P. barbata s. Myrmica molefaciens) verfertigt. Dieselbe hält sehr auf Ordnung und duldet nichts Ungehöriges auf dem Dache ihrer Wohnung und auf der umgebenden Tenne. Lincecum machte sich einmal den Spass, auf ein solches Nest ein grosses Stück von einem Maisstengel zu legen; nach ein paar Tagen schon war es so ausgehöhlt, dass nur noch die kieselhaltige Schale übrig war und auch diese wurde in sehr kurzer Zeit zernagt und fortgeschafft.

Nicht immer hat ein Ameisenvolk blos eine Stadt oder Nest, häufig hat es im Laufe der Zeit mehrere (bis über 200 sagt Forel) angelegt, welche ober- oder unterirdisch mit einander in Verbindung stehen. In Zürich ist oder war ein ansehnlicher Garten, der eigentlich ein einziges, ungeheures Nest von Formica cinerea darstellte. Die Zugänge zu den Schachten und Gallerien, von welchen er unterminiert war, lagen gruppenweise auf Entfernungen von 1 bis 2 Fuss bei einander und alle Nester waren durch ein System unterirdischer Wege verbunden.

Wenn man ein grösseres Ameisennest aufgefunden hat, kann man sicher darauf rechnen, bei näherer Untersuchung auch Heerstrassen zu finden, welche von den Bewohnern ober- oder unterirdisch angelegt sind und benutzt werden. Von den grossen Nestern der roten Waldameise gehen zuweilen 10 solcher Chausseen nach allen Seiten und gleichweit von einander entfernt ab. Soviel Strassen haben indessen blos alte Städte, eine neugegründete legt zunächst nur eine nach irgend einem wichtigsten Punkt der Nachbarschaft, nach einem Baum oder Strauch mit vielen Blattläusen oder etwas derartigem an. Dann wird ein zweiter Weg und zwar fast immer an der entgegengesetzten Seite in Betrieb gebracht. Die Strassen sind möglichst gerade; stossen sie in ihrem Verlauf auf ein unübersteigliches Hindernis, einen Baum etwa, so gehen sie um dasselbe herum, um an der andern Seite in der früheren Richtung fortzulaufen. Bisweilen gabeln sie sich und gehen unter Umständen 70 Meter weit und weiter. Diese Wege graben sich die Ameisen aus, räumen die ausgeworfene Erde weg, schaffen alle Gegenstände, welche den Verkehr stören, bei Seite und entfernen mit ihren Kiefern alle Pflanzenstengelchen, welche hinderlich sind. Von jedem Neste der schon öfters erwähnten texanischen Pogonomyrmex barbata gehn 3—7 flache Wege aus und laufen bis 100 Meter weit als Alleen durch das hohe Gras, mit welchem ein subtropisches Klima die Gegend bedeckt. Stossen sie auf ein Hindernis, so teilen sie sich, gehen rechts und links um dasselbe herum und treffen dahinter wieder zusammen und während sie sonst 2 Zoll breit sind, beträgt ihre Breite, soweit sie sich teilen, blos 1 Zoll.

Vom Neste der Isauameise, erzählt Rengger, laufen soviel Wege, als Eingänge sind, strahlenförmig aus. Sie sind 2—3 Zoll breit, erstrecken sich auf mehrere 100 Schritt, oft sogar auf die Entfernung von einer Viertelstunde und teilen sich in einiger Entfernung von den Thoren der Stadt in mehrere Arme. Diese Strassen werden von den Ameisen äusserst sauber gehalten, die Tiere lassen kein Gräschen auf ihnen aufkommen und reinigen sie jedesmal, wenn das Regenwasser Erde oder Pflanzenreste über sie geschwemmt hat.

Öfters finden sich an solchen Wegen Stationshäuser oder Karavansereien, die ursprünglich nach Forel kleine gekuppelte Nester zum Unterschlupf bei plötzlicher Gefahr, zum Schutz gegen nächtliche Kühle und zur Erholung ermatteter Reisenden sind. Diese Stationen können sich im Laufe der Zeit vergrössern, befruchtete Weibchen können sich in ihnen niederlassen und so werden sie zu Kolonien. Wenn man das Kommen und Gehen von hunderten jener kleinen Kreaturen auf diesen Strassen beobachtet, wie hier ein paar sich Begegnende sich unterhalten, dort andere in den Karavansereien einsprechen, so muss man sich gestehn, dass das ganze Treiben einen sehr geschäftsmässigen Anstrich erhält. Nun störe man den Zug der emsigen Tierchen und man wird sehen, wie die Nachricht sich in der Schar von Individuum zu Individuum fortpflanzt, wie sie bald in die Stadt gelangt und deren Mauern sich mit Massen hervorströmender, aufgeregter Bürgerinnen bedecken.

Der talentvollste Wegbauer ist nach Forel unter den Ameisen Lasius niger. Diese Art höhlt ihre 2—3 Zentimeter breite Strasse in den Boden aus, und konstruiert aus der hierbei gewonnenen Erde ein Dach über dieselbe. Kommt der Weg an eine sehr ausgesetzte Stelle, so verliert er sich als ein 1 Zentimeter hoher Tunnel unter die Erde. Derartige Tunnel sind bei allen minierenden Ameisen beliebte Anlagen, aber keine Art ist in ihrer Herstellung eine solche Meisterin wie Oecodoma texana. Es ist diese eine von den Blattstückchen eintragenden Formen, die wir bei einer spätern Gelegenheit noch näher kennen lernen werden, und bewohnt die Prairie. Liegen ihre

Städte auf grasfreien Stellen, so verlaufen radiär von ihr sehr nett gearbeitete oberirdische Wege oft 200—300 Meter weit zu Bäumen und krautreichen Stellen. Wenn die Nester sich aber im dichten Grase befinden, durch welches die Ameisen nur mit grösster Mühe die geschnittenen Blattstückchen herbeischleppen könnten, so gehn geräumige unterirdische Tunnel in gerader Richtung von ihnen und bisweilen unter einem Strombett weg zu geeigneten Bäumen. Dass die Tiere bei ihren unterirdischen Arbeiten die gerade Richtung auf einen oberirdischen Gegenstand zu einzuhalten vermögen, ist eine seltsame, mir nicht ganz erklärliche Thatsache.

Dieselbe Ameisenart bedarf für ihren Haushalt auch des Wassers und alle grössern Kolonieen haben Schachte, welche bis zum Grundwasser gehen. Lincecum hat niemals gehört, dass man unter einem ihrer Nester vergeblich nach Wasser gegraben habe. Ein Bekannter von ihm fand es 30 Fuss unter der Erdoberfläche und und ebenso tief hatten die Ameisen zwei Schächte, den einen von 6, den andern von 12 Zoll Durchmesser getrieben. Sie graben auch Tunnel nach benachbarten Brunnenstuben. In einem Falle mündete ein solcher 12 Fuss unter der Oberfläche in ein Sammelreservoir und die Ameisen hatten die eichene Balkenlage, mit welcher es ausgekleidet war, durchgebissen um zum Wasser zu gelangen. —

Zum Schlusse unserer Betrachtung über das häusliche Leben der Ameisen müssen wir noch der Art gedenken, mit der sie die Eingänge zu ihren Nestern, die Thore ihrer Städte behandeln. Bei denjenigen Formen, welche hauptsächlich am Tage in voller Thätigkeit sind, finden sich an diesen Thoren Schildwachen und diejenigen, welche nicht im Gebrauch sind, werden nach Forel geschlossen gehalten und jede Ameisenart hat ihr besonderes Material zu diesem Verschlusse. In das in Aststümpfen befindliche Nest der in vielen Punkten so eigentümlichen Colobopsis truncata führen 2 bis 3 sehr kleine Thüren und in jeder steht ein Individuum der Soldatenkaste dieser Art, welches mit dem grössten Teil seines Körpers, mit dem dicken abgestutzten Kopfe den Zugang genau verschliesst. Lasius niger hält in der Regel alle Thore geschlossen; nur wenn es regnet oder wenn die Geschlechter schwärmen wollen, werden sie geöffnet. Pogonomyrmex occidentalis hat nur ein einziges nicht ganz ein Zoll weites Thor nahe der Basis ihres Haufens, das ziemlich spät am Morgen geöffnet und regelmässig bei Sonnenuntergang mit Kies und Erde geschlossen wird.

Von ganz besonderem Interesse sind die Mitteilungen, welche Mac Cook über die Art und Weise macht, mit welcher Atta fervens ihre Stadtthore überwacht. Am Tage sehen die Nester dieser Ameise ganz verlassen aus, keine Spur von Leben herrscht um und auf ihnen, hin und wieder liegen auf ihrer Oberfläche kleine unregelmässige Häufchen von dürrem Laub, Blatt- und Zweigstückchen. Nach Sonnenuntergang tritt ein rascher Wechsel der Scene ein: Scharen von Arbeiterinnen von verschiedener Grösse und in unzählbarer Menge strömen aus den Thoren und ergiessen sich in das umgebende Dickicht. Bis dahin waren die Thore verschlossen und ihr Öffnen ist ein schweres, langwieriges Geschäft. Als Verschluss dient trocknes Laub, Stengelstückchen und dergleichen, aus welchen ein fingergliedlanger Pfropf gemacht wird. Das besorgen die Arbeiter der grossen Kaste, welche das betreffende Material in das Thor beim Verschliessen hereinziehen. Die Zwischenräume werden von Arbeiterinnen der kleinen Kaste sorgfältig mit feinem Sande ausgefüllt und schliesslich wird zu innerst noch ein Blattstück vorgesetzt. Beim Öffnen wird in umgekehrter Reihe verfahren, erst nehmen kleine Arbeiterinnen den Sand darauf grosse die Pflanzenteile weg. Ein seltsam pedantischer Zug dieser Ameise ist es, dass sie ihre verschiedenen Thore genau in der nämlichen Reihenfolge wieder schliesst, wie sie dieselben geöffnet hatte.

Hiermit beendigen wir unsere oberflächliche Übersicht über das häusliche Leben der Ameisen. Sicher birgt dasselbe noch manche Wunder, von denen wir noch keine Ahnung haben und welche, wenn sie einst werden erkannt sein, den Menschen mit immer grösserem Staunen über diese, ihm selbst in gewisser Beziehung so nahe stehenden Mitgeschöpfe erfüllen werden, die aber alle nichts sind als die Konsequenzen des staatlichen Lebens, der socialen Gewohnheiten.

III. Die Ameisen als Räuber, Krieger, Sklavenhalter und Viehzüchter.

Ἔνεστι καὶ μύρμηκι χολή.
Altgriechisches Sprichwort.
(Auch die Ameise hat ihren Zorn.)

Alle Beziehungen fast, welche die Ameisen zu andern Tieren haben, sind feindlicher Natur. Die tapfern und wohlbewaffneten kleinen Geschöpfe sind gegen alles, was lebt, zur Offensive und

Defensive gleich bereit, es sind böse Nachbaren, welchen es nur
zu oft nicht gefällt den besten Maikäfer und den edelsten Regen-
wurm in Frieden leben zu lassen. Von Ritterlichkeit aber und
ehrenhafter Noblesse steht nichts in ihren Kampfesregeln, alle Mittel
gelten vielmehr als erlaubt, wenn es darauf ankommt den Feind zu
schädigen, dem eignen Staate aber zu nutzen. Es geht ein antiker
Zug durch die Kampfweise und Kriegsart der Ameisen wie durch
ihre ganzen Lebenseinrichtungen überhaupt: heroische Bürgergrösse
gepaart mit roher Rücksichtslosigkeit gegen alles, was der Republik
keinen Nutzen bringt. Ihnen ist noch, wie den Römern ältester
Zeit der hostis wirklich ein hostis, der Fremdling zugleich auch
ein Feind.

Aber sie haben, bemerkt Huber sehr wahr, keinen grimmigeren
Gegner als ihresgleichen, und die Kriege und Schlachten der Ameisen
miteinander sind berühmt seit den Tagen des Papst Eugens des
Vierten und sie sind gewiss eher imstande Rhapsoden zu be-
geistern als die fabelhaften Kämpfe der Mäuse mit den Fröschen.
Es ist merkwürdig, dass sie ihren Homer noch nicht gefunden
haben und ich empfehle sie dringend den aufstrebenden, um einen
Vorwurf zu einem Heldenlied oft so verlegenen Talenten, an denen
unser teueres Vaterland ja nicht Mangel leidet.

Jene Kriege sind nicht alle derselben Art und sie werden aus verschiedenen Gründen geführt, je nachdem sie zwischen zwei Völkern
der nämlichen oder verschiedener Species entbrannt sind. Unter
allen Umständen aber sind sie eine sehr merkwürdige Erscheinung
und selbstverständlich auch eine Folge der socialen Lebensgewohnheiten, denn einsam lebende Tiere sehen sich zwar auch oft genug
veranlasst Mitgeschöpfe anzugreifen oder gegen dieselben sich ihrer
Haut zu wehren, aber immer bleibt es unter diesen Verhältnissen bei
einem einfachen Zweikampf. Bei den Ameisen hingegen können
wir von einer wahren Kriegskunst reden, wir sehen Heeresmassen
zur Belagerung einer fremden Stadt oder zur offenen Feldschlacht
taktisch vorgehen, bewundern den einheitlichen Gedanken, der sie
dabei beseelt und die Ordnung, welche herrscht, ohne dass Vorge-
setzte vorhanden zu sein scheinen.

Die Waffen, welche den Ameisen bei ihren Kämpfen zu Gebote
stehen, sind, abgesehen von dem Stachel mit dem Giftapparate, jene,
welche nach Lucrez auch der Urmensch zur Verfügung hatte:

„Arma antiqua, manus, ungues dentesque fuere."

Sie wissen aber diese Waffen trefflich zu gebrauchen und jede Art auf ihre besondere Weise. Wieder ist es Forel, welcher dem Studium des Ameisenlebens auch nach dieser Richtung hin die umfassendste und erfolgreichste Aufmerksamkeit geschenkt hat.

Wenn zwei Ameisen derselben Species aber aus verschiedenen Nestern, oder zweier verschiedener aber gleich starker Arten einander begegnen, geraten sie nur höchst selten in einen ernstlichen Kampf, sie werden sich vielleicht etwas necken und beunruhigen, meist aber sich aus dem Wege gehen. Anders schon wird die Sache, wenn mehrere Bürgerinnen derselben Stadt auf eine einzelne aus einer andern stossen, dann allerdings fallen sie über dieselbe her und sie ist dann meistens verloren. Bei den Ameisen, wie bei den meisten völlig ausgebildeten gesunden wilden Tieren scheinen die Körperkräfte nur geringen individuellen Schwankungen unterworfen zu sein, sodass, wenn zwei Individuen einer Art in Kampf miteinander verwickelt werden, die Sache lange dauern kann, bevor sie zur Entscheidung kommt, wenn sie dies überhaupt thut, während umgekehrt nur sehr selten ein einzelnes sich erfolgreich gegen zwei wird verteidigen können. So ist auch eine Ameise in der Regel verloren, wenn sie von zwei anderen, gleichgrossen oder nur wenig kleinern überfallen wird. Sie wehrt sich zwar, auf das Tapferste, aber überströmt vom feindlichen Gifte muss sie bald unterliegen. Meist hält der eine Feind sie fest, und der andere steigt ihr auf den Rücken um ihr nach einer bei Ameisen, Bosniaken und anderen kriegerischen wilden Völkerschaften sehr beliebten Gewohnheit mit grösster Seelenruhe den Kopf abzuschneiden. Oft verbeisst sich im letzten Todeskampfe die Überwundene noch an einem Beine ihrer siegreichen Gegnerin, dann ist es für diese keine leichte Sache sich von der unerwünschten Trophäe loszumachen, denn zufolge des Todes trocknet die Muskulatur, welche die Kiefer bewegt, ein, die Beweglichkeit und Nachgiebigkeit geht verloren und tagelang schleppt die Siegerin das grausige Zeichen des glorreich bestandenen Kampfes, den abgeschnittenen Kopf, am Beine mit sich herum.

Pogonomyrmex barbata zerbeisst ihrem Gegner den Thorax oder versucht wenigstens es zu thun, wenn sie mit ihm einen Einzelkampf zu bestehen hat, ist sie jedoch von einer Genossin begleitet, dann steigt sie ihm auf den Rücken um die Köpfung vorzunehmen, während die andere ihn durch Angriffe nach den Gliedmassen anderweitig beschäftigt. Gideon Lincecum war in Texas Augenzeuge einer Schlacht zwischen den Heeren einer schwarzen und einer roten Ameisenart, welche fünf bis sechs Stunden dauerte und in welcher die erstere geschlagen wurde und voll panischen Schreckens floh. Nachdem die Siegerinnen die kopflosen Rümpfe in ihr Nest geschafft hatten, wahrscheinlich um sie, auch nach Weise des Urmenschen, bei einem kannibalischen Festgelage zu verzehren, blieb auf dem still gewordenen Schlachtfelde nichts zurück als die abgeschnittenen Köpfe der überwundenen Schwarzen, welche so dicht lagen, dass es aussah als habe jemand an dieser Stelle Schiesspulver verschüttet. Auch Pheidole pallidula zerschneidet seine Feinde. wenn diese von kleinerer Statur sind, bei grösseren klammert sie sich an die Beine und sucht diese abzuschneiden. Der tapfere Polyergus rufescens, die Amazonenameise, sowie Strongylognathus testaceus beissen ihren Gegner mit ihren mächtigen Kiefern in den Kopf, indem sie den einen Kiefer oben auf denselben, den andern an das Gesicht setzen, nun einen Druck, die Kieferspitzen dringen ein und immer weiss die Ameise dabei die Stelle so zu wählen, dass das Gehirn getroffen wird und die Verwundete sofort in Krämpfe verfällt. Eine andere, nicht sehr rühmliche Fechtweise haben die Arten der Gattung Lasius, indem sie ihren Feind mit feiger Übermacht zu vier oder fünf überfallen, auch wenn er nicht grösser ist als sie selbst, und sich an seinen Gliedmassen verbeissen. Sehr stoisch verhält sich Myrmecina Latreillii ihren Gegnern gegenüber: sie verteidigt sich weder, noch flieht sie, sie rollt sich vielmehr einfach wie ein Igel zusammen. Nun erfreut sie sich aber des Besitzes einer äusserst festen Chitinbedeckung, an welcher alle Bisse und Stiche abprallen und an deren Undurchdringlichkeit alle Gifttropfen vergeblich verschwendet werden. Es ist dies das nämliche Verfahren, das die schönen grün-blau- oder roth-goldenen, wie mit poliertem Metalle bekleideten Schmarotzerwespen aus der Gattung Chrysis beobachten, wenn die erzürnten Mauerbienen, in deren Zellen sie ihre Kuckukseier einschmuggeln wollen, über sie herfallen.

Verschieden wie die Kampfesweise ist auch der persönliche Mut der Ameisen entwickelt und nicht alle sind vom Heldengeschlecht. So sind nach Forel die Arbeiterinnen von Camponotus furchtsam, Myrmica scabrinodis feig und diebisch. Auch die Arten der Gattung Lasius zeichnen sich, wie wir eben sahen, nicht durch grosse Kühnheit aus, während Polyergus rufescens vielleicht eins der tapfersten Geschöpfe ist, die überhaupt leben und Forel stellt ihm in dieser Beziehung das beste Zeugnis aus. Es ist eine stachellose Form und seine Mandibeln sind nicht so gebaut, dass er seinen Gegnern die Köpfe abschneiden oder ihre Gliedmassen packen könnte, aber er unterscheidet sich trotzdem von allen andern einheimischen Ameisen durch seinen blinden persönlichen Mut, der ihn zu unerhört kühnen Wagestücken veranlasst. Eine einzelne, in ein feindliches Nest gesetzte Arbeiterin dieser Art sucht nicht, wie die aller andern zu entfliehen, sie durchbeisst vielmehr nach rechts und links springend mit ihren scharfen Kiefern die Köpfe von mehr als einem Dutzend Feinden, bis sie um den Thorax gepackt schliesslich unterliegt. Auch die Arten der tropischen Geschlechter Eciton und Anomma sind von einer wilden Tapferkeit. Dass die erstern Wespennester angreifen, die papierartige Hülle derselben zerreissen und die fetten Larven, trotz wütendster Gegenwehr der geflügelten, stachelbewehrten Einwohnerinnen herausholen, will nicht so sehr viel sagen, denn das thut unsere Formica pratensis auch, obwohl sie viel kleiner ist, aber sie schlagen, allerdings durch ihre Menge, alle Geschöpfe, selbst den Menschen in die Flucht und sogar der gewaltige Python natalensis, die 20 Fuss lang werdende westafrikanische Abgottsschlange lässt ihre Beute im Stich und entflieht eiligst beim Herannahen eines Zugs von Anomma arcens, woran sie sehr wohl thut. Denn die Ameisen würden sich bei tausenden über sie stürzen, zuerst ihre Augen zerstören, sie binnen kurzem getötet haben und nach wenig Stunden wäre nichts von ihr übrig als ein sauber präpariertes Skelet. 'Die Treiberameise wird von allen ihren Landsleuten gefürchtet und wenn sie zu einer Thür des Hauses hereinkommt, flüchten die Bewohner schleunigst zur entgegengesetzten heraus. Den dortigen eingebornen Negern ist sie ganz besonders verhasst; „denn" sagen diese, „sie beraubt uns der beiden Dinge, welche uns das Liebste auf Erden sind, unsrer Hühner und unseres Schlafes". Es ist wirklich in manchen tropischen Gegenden fast unmöglich Geflügel zu halten, da die Ameisen über die jungen Küchelchen herfallen, bevor dieselben noch die Eischale völlig verlassen haben.

Gewiss haben, namentlich in warmen Ländern, die Ameisen einen nicht zu unterschätzenden Einfluss auf die Entwicklung und Verteilung der übrigen Fauna ausgeübt. Einmal einen günstigen, denn sie dienen selbst besonders in Südamerika nicht wenigen Säugetieren und Vögeln zur hauptsächlichen, bisweilen ausschliesslichen Nahrung und zweitens leisten sie dem Gedeihen der Blattläuse und einiger andern kleinen Insekten wesentlichen Vorschub, aber viel bedeutender dürfte ihr Einfluss auf die tierische Bevölkerung eines Landes in negativer Hinsicht sein. Die Eciton-arten steigen bei ihren Zügen nicht hoch in die Bäume und die hier brütenden Vögel werden daher nur wenig von ihnen belästigt, um so mehr die Bodenbrüter. Es ist daher wahrscheinlich die geringe Anzahl von auf der Erde nistenden Vögeln im tropischen Amerika auf die Gegenwart der Ameisen zurückzuführen. Sie waren es, welche die grossen Hühnervögel, die Hokkos (Crax) und Schakus (Penelope) zwangen ganz gegen die Gewohnheit ihrer Sippe auf Bäumen zu nisten. Delacoux ist der Ansicht, dass die Armut der tiefern Gegenden Mexikos an Vögeln, welche erst bei 1000 bis 1200 Meter anfangen zahlreicher zu werden, den Ameisen zuzuschreiben ist. Grossartiger noch, wenn auch weniger in die Augen springend wird jedenfalls ihr beschränkender Einfluss auf die Entwicklung und Verbreitung der Insekten einwirken.

„Nichts" sagt Forel „kann unterhaltender sein als einen Sack voll Formica pratensis auf eine abgemähte Wiese auszuleeren und zu beobachten, auf welche Weise die Ameisen von dem umgebenden Grund und Boden Besitz ergreifen. Alle Grillen müssen fliehen und ihre Schlupflöcher verlassen, die Grashüpfer, Zirpen und Erdflöhe retten sich nach allen Seiten durch ihre Sprünge, die Spinnen, Raub- und Laufkäfer sehen sich oft gezwungen, ihre Beute im Stich zu lassen, um nicht selbst zum Opfer zu werden." Es liegt auf der Hand, dass die Ameisen durch ihr energisches Vorgehen gegen andere Insekten für Gartenbau, für Land- und Forstwirtschaft zu sehr nützlichen Tieren werden und nichts ist verkehrter als sie als schädlich zu verfolgen und auszurotten. Das hat die preussische Regierung mit weiser Einsicht gar wohl erkannt und durch Gesetz vom 1. April 1880 bestimmt, dass mit Geldstrafe bis zu 100 Mark oder Haft bis zu 4 Wochen bestraft werden soll, wer auf forstlichen Grundstücken unbefugter Weise Ameisen oder ihre Puppen einsammelt oder Ameisenhaufen zerstört und zerstreut. Ratzeburg und Taschenberg, zwei auf dem Gebiete der Forst- und Landwirtschaft unzweifelhafte Autoritäten, reden den Ameisen als nützlichen Geschöpfen das Wort. Forel sah wie innerhalb einer Minute

28 todte Insekten in ein grosses Ameisennest eingetragen wurden und er berechnet danach den täglichen Konsum zur Zeit der höchsten Thätigkeit auf 100 000 Stück. Etwas willkürlich, wie mir scheint, denn ich finde, die Eintragezeit wirklich zu 24 Stunden angenommen, dass die Totalsumme blos 40 320 Stück beträgt. Ist das doch schon genug! In heissen Ländern wissen die Einwohner den Besuch der Wohnungen durch Ameisen gar wohl zu schätzen, denn sie reinigen dieselben von Skorpionen, Spinnen, Schaben, Wanzen, selbst von Mäusen und Ratten, Ungeziefer, das sich da, wo die Ameisen nicht hingelangen können wie z. B. auf Schiffen, unter den Tropen ins Unglaubliche vermehrt. Eine Familie in Texas betrachtet es als „ein Glück in der Nachbarschaft ihrer Wohnung einen Baum zu haben, welcher eine Kolonie der schwarzen grossen Ameise (wohl ein Camponotus) beherbergt.“ „Acht Jahre“ erzählt Lincecum „stand in meiner Nachbarschaft eine Quercus obtusiloba mit einem volkreichen Neste jener Ameisen. Sie drangen jede Nacht bei warmen Wetter in alle Teile des Hauses, durchkrochen und durchschnüffelten alle Winkel, nur gewobene Stoffe betraten sie nicht. Wir hatten keine Flöhe, Wanzen oder sonstiges Ungeziefer. Als der Baum abstarb, zogen die Tiere von dannen und alle jene bösen Geister hielten ihren Einzug. Wir würden uns glücklich schätzen, wenn wir wieder in Abhängigkeit von einer solchen Gemeinde lebten.“

In Brasilien schaffen die Einwohner öfters Eciton in ihre Wohnungen als wirksamstes Gegenmittel gegen die so verhassten, Alles auf heimtückische Weise zerstörenden Termiten. Den seltsamsten Nutzen indessen, welchen der Mensch von den Ameisen zu ziehn versteht, berichtet uns Russell: die zahlreichen Arbeiter, welche in Nordamerika beschäftigt sind, ausgedehnte Strecken der Prairien urbar zu machen, werden, wie das im Krieg und Frieden immer geschieht, wenn die Menschen bei geringer Reinlichkeit dicht bei einander zu wohnen gezwungen sind, nicht wenig von den Kleiderläusen geplagt. Wenn ihnen das Ding zu bunt wird, so exerzieren sie ein Stückchen, das sie den alten Trappern und den Indianern abgelauscht haben. Sie gehen zu den dort so häufigen Ameisenhaufen, ziehen sich völlig nackt aus und legen ihre Kleider auf diese Nester. Und zwar mit dem besten Erfolg! Denn die Ameisen bedecken die belebte Garderobe sofort und vernichten die unliebsamen Insassen mit Stumpf und Stiel, Alte, Junge und Eier.

Doch wo viel Licht ist, ist auch viel Schatten! Durchaus nicht alle Ameisenarten sind nützlich, manche im Gegenteil, besonders in den Tropen recht schädlich und der alte Barboteau, seiner Zeit Gerichtsrat in Martinique, ist sehr schlecht auf die westindischen zu sprechen: „das sind Heere von Ottern und Tigern, die ihre Zerfleischungen ohne Unterlass fortsetzen!"

Auf den Schaden und Nutzen, welche die Ameisen den Pflanzen und damit indirekt dem Menschen anthun, werden wir bei einer spätern Gelegenheit noch zu sprechen kommen, wir wollen hier blos den Nachteil, der Mensch und Tier aus der Gewalt ihrer Waffen, ihrer Kiefer, ihres Giftes und Stachels erwächst, betrachten.

Wenn die Ecitonzüge in Südamerika angerückt kommen, so wiederholt sich das Schauspiel, welches sich in Westafrika bei den Märschen der Treiberameisen abspielt. Alle den Boden bewohnende Tiere laufen, so rasch sie können vor ihnen her von dannen oder klettern auf Bäume, der Indianer ruft seinen Gefährten warnend: Tauóca! zu und macht sich schleunigst aus dem Staube. Die Tajyne-Ameise (wohl auch ein Eciton) in Paraguay greift alles Lebende an. Rengger sah einen Mulatten, welchem, da er sinnlos betrunken dalag, diese Tiere Augenbrauen und Augenwimpern ganz weggefressen und die Gesichtshaut bis auf das Blut zernagt hatten. Barboteau erzählt, auf Martinique in Westindien sei es öfters vorgekommen, dass von ihren Müttern vernachlässigte Negersäuglinge in einer Nacht aufgefressen worden seien und Delacoux, ein französischer Arzt, wurde einmal, als er mit seiner Familie in Mexiko war, in der Nacht durch das durchdringende Geschrei seines Kindes geweckt. Als er hinzueilte, fand er es von Ameisen bedeckt und am andern Tage war der Körper desselben voll von grossen Blasen und es stellte sich ein 48 Stunden anhaltendes Fieber ein. Eine andere Geschichte, welche derselbe Gewährsmann zum Besten giebt, klingt kaum glaublich: im Jahre 1834 ritt ein junger Franzose von Tampico nach Mexiko, stieg unterwegs ab und legte sich ermüdet unter einen Baum. Am andern Morgen fand man nichts als sein von den Kleidern bedecktes Skelet, die Ameisen hatten ihn aufgefressen! Ein andrer Franzose erlag 1838 demselben Schicksale. Sollten nicht beide infolge der sichern Kugeln irgendwelcher Spitzbuben, an denen Mexiko nicht Mangel hat und hatte, als Leichen den Ameisen zum Opfer gefallen sein? —

In Aveyros am Tapajos, einem Nebenflusse des Amazonenstromes ist die sogenannte Feuerameise (eine der Myrmica rufa nahe-

stehende Art) entsetzlich häufig und der Ort war in den vierziger
Jahren ihrethalben ganz von Menschen verlassen. Die Bewohner
glaubten, sie wären aus dem Blute der in den Unruhen 1835—36
ermordeten Cabanas, verzweifelt wilder und grausamer Halbblut-
indianer entstanden, da sie vorher in jener Gegend unbekannt gewesen waren. Die Feuerameise oder formiga de fogo der Brasilianer ist wahrscheinlich dieselbe, welche einmal eine Kompagnie
englischer Rotröcke zum Tanzen brachte, wie Kapitän Stedman,
der den Krieg von 1772—77 gegen die aufständischen Neger in
Surinam mitmachte, erzählt. Die unglücklichen Beafeater waren in
Ameisennester geraten und fühlten sich sofort wie mit siedendem
Wasser übergossen, wovon sie sich natürlich durch Schütteln und
Springen zu entledigen suchten.

Diese Ameise hat, wie manche andere, die Gewohnheit in die
Häuser einzudringen und man muss, wenn man einigermassen Ruhe
vor ihr haben will, die Beine des Stuhles, auf welchem man sitzt,
das Bänkchen, auf welches man die Füsse gestellt halten muss,
sowie die Stricke, an welchen die Esswaren von der Decke herabhängen, tüchtig mit Kopaibalsam einreiben, an dem sie haften
bleibt. In Mexiko stellt man die Füsse der Bettstellen in Blech-
gefässe mit Öl um sich gegen den Besuch der Ameisen zu schützen.
Umsonst! Bald ist eins der Gefässe mit den Kadavern verunglückter
Individuen gefüllt, welche den andern als Brücke dienen. „Selbst
über Mercurialsalbe" sagt Delacoux „wissen sie hinwegzukommen":
Da er das von derselben Ameisenart behauptet, welche sein Kind
mit Blasen bedeckte, also jedenfalls durch ihren ganzen Körper eine
scharfe Säure absondert, so ist es merkwürdig, dass er nicht auf
die Idee verfiel pulverisierte Kreide oder Kalk auf den Boden des
Zimmers zu streuen, wie das nach Southey in Brasilien geschieht.
Geraten die Ameisen auf diese Substanzen, so werden sie sich jedenfalls durch den Einfluss ihrer eignen Säure die Füsse jämmerlich
verbrennen. Auch über Flanell zu kriechen ist den meisten höchst
unangenehm, da sie sich mit den zarten Beinen in den Fasern desselben verwickeln.

In den Tropen müssen die Ameisen eine ungeheuere Last sein,
von der wir uns kaum einen Begriff machen können. Als der berühmte Wallace sich zu Dorch auf Neuguinea aufhielt, wurde er
durch die Gegenwart einer kleinen schwarzen Ameise überrascht.
„Sie nahmen" berichtet er „sofort von meiner neu errichteten Hütte

Besitz, bauten in deren Dache ein grosses Nest und fast entlang eines jeden Tragepfeilers derselben mit papierartiger Substanz überwölbte Tunnel."

In Texas dringen neben der erwünschten weiter oben besprochenen Ameise auch noch einige unerwünschte in die menschlichen Wohnungen. Die eine richtet sich darin ein und zerstört Vorhänge und Leibwäsche der Stärke wegen. Ich habe in Korfu ähnliche Erfahrungen mit einer winzigen Pheidole gemacht, welche sich allnächtlich bei hunderten in der abgelegten Tagwäsche einfand, wahrscheinlich auch durch die in Folge des Transpirierens aufgeweichte Stärke angelockt. Eine andere Art (Atta fervens), eine nahe Verwandte der brasilianischen Wanderameise (Atta cephalotes) schleppte in Mexiko Mac Cook Zucker und Kautabak weg und von der Wanderameise selbst weiss Bates ein hübsches Stückchen zu erzählen. Einmal in der Nacht weckte ihn sein Diener und teilte ihm mit, dass Ratten die Körbe, in welchen das Farinha, eine mehlartige Substanz, bewahrt wurde, benagten. Er nahm ein Licht und sah eine breite, aus vielen tausenden von Individuen bestehende Kolonne der Wanderameise: die einen kamen leer zur Thüre herein, die andern wanderten mit je einem Farinhakörnchen beladen hinaus. Er konnte sie nur dadurch einschüchtern, dass er auf ihre Strasse Schiesspulver streute und einen Teil von ihnen in die Luft sprengte.

Sind gewisse Ameisen einmal in eine menschliche Wohnung eingedrungen, so hält es sehr schwer sie wieder zu verjagen oder auszurotten. Im Jahre 1834 trat in den Küchen, Backstuben und ähnlichen Lokalitäten eines grossen Teiles von London eine sehr kleine, wahrscheinlich aus Südeuropa eingeführte Art (Pheidole?) auf, welche in einigen Fällen so lästig wurde, dass die Bewohner das Grundstück verlassen mussten.

Auch eine Anzahl unsrer Arten besucht mit Vorliebe Jan_und in Gärten gelegene Häuser, weiss bald die Speisekammer oder den Küchenschrank zu finden und kann sich hier sehr unnütz machen. Man fängt sie mit Köder, indem man mit Zuckerwasser getränkte Schwämme oder aufgeschlagene Röhrenknochen von Rindern auslegt. An und in diesen Ködern sammeln sich die bethörten Tierchen der süssen und fetten Nahrung halber bei hunderten und wenn jene recht voll sitzen, wirft man sie in einen Topf mit siedendem Wasser, worauf sie nach der Execution weiter benutzt werden können. Dass sich übrigens die Ameisen nicht so ohne Weiteres anködern lassen, darüber hat der amerikanische Professor Leidy eine ergötzliche Erfahrung gemacht, welche ausserdem ein helles Licht auf die Intelligenz dieser Geschöpfe und auf ihre Fähigkeit, durch Erfahrung klug zu werden, wirft. In einer neuerbauten Villa fanden sich, bevor sie bezogen wurde, angelockt durch die Abfälle des Frühstücks und Vesperbrodes der Bauarbeiter kleine rothe Ameisen ein. Nach Fertigstellung des Baues und nach Weggang der Arbeiter erschienen sie, einmal dorthin gewöhnt, immer wieder. Da legte Leidy Köder aus, an welchen sie sich sammelten und von denen sie der berühmte Professor in ein mit Terpentinöl gefülltes Gefäss abkehrte. Zunächst wurden Kuchenstückchen genommen. Die Ameisen krochen drei Tage lang auf diesen Leim, aber am vierten streikten sie und hatten die „schöne Maske" kennen gelernt. Darauf wurden ihnen Stückchen Speck angeboten. Das war etwas Neues und die Tierchen dachten sich, dass was für Kuchen gelte, unmöglich auch für Speck gelten könne und liessen sich bethören. Der Erfolg, den Leidy erzielte, war derselbe wie mit dem Kuchen, eine Weile ging die Sache ganz gut, darauf verschmähten die Ameisen, durch Erfahrung gewitzigt, die Leckerbissen, liessen sich darauf aber durch Käsebröckchen, dann durch todte Grashüpfer u. s. w. immer wieder verlocken, bis sie endlich ausgerottet waren. —

Haben wir nun die Fechtarten der Ameisen kennen gelernt und ihre räuberischen, dem Menschen teils vorteilhaften teils nachteiligen Eigenschaften, so wollen wir jetzt ihre Kriegskunst näher in das Auge fassen.

Der erste Mann, welcher von einer Ameisenschlacht zu erzählen weiss, ist kein geringerer als Aeneas Sylvius, später Pabst Pius II. Diese Schlacht fand in der Mitte des 15ten Jahrhunderts unweit Bologna statt und spielte sich hauptsächlich auf einem dürren Birnbaume ab. Nicolaus von Pistoja, welcher dabei anwesend war, hatte sie ausführlich beschrieben. Auch der bekannte schwedische Geistliche, Arzt und Naturforscher Olaus Wormius gedenkt zweier Ameisenschlachten, von denen die eine in den königlichen Gärten zu Upsala, die andere zu Stockholm im Jahre 1521 geschlagen wurde. Da dies kurz vor der Vertreibung Christians II. von Dänemark, des Veranstalters des sogenannten Stockholmer Blutbads, geschah, brachte man nachträglich diese Vorgänge in Zusammenhang und sah in jenen Schlachten Vorbedeutungen des Falles des energischen Gegners der Hansa. Seitdem sind solche Kämpfe öfter sowohl in der Alten wie in der Neuen Welt beobachtet und beschrieben worden. von niemanden aber besser als von Forel, dem grossen Historiographen der Ameisenvölker.

Kriege, welche zwischen zwei Völkern der nämlichen Art entbrennen, haben dieselben Ursachen wie diejenigen der Menschen: Missgunst und Rivalität. Jedes Ameisenvolk, das einigermassen ansehnlich ist, hat sein Revier, sein Reich gewissermassen, welches es als sein Eigentum betrachtet und in das es keine Invasionen seitens der Bürgerinnen benachbarter Städte duldet. Da diese selbstverständlich häufig genug versucht werden, so können Reibereien nicht ausbleiben. Schliesslich wird indessen doch eine Art Grenze festgestellt, welche von beiden Parteien, bis zu einem gewissen Grade wenigstens, respektiert wird. Ein Strauch oder Baum mit Blattläusen wird am häufigsten zum Zankapfel. Lässt sich das eine Volk durchaus nicht zurückweisen, so macht dasjenige, welches da glaubt im besseren Rechte zu sein oder, und das wird wohl mehr Ausschlag gebend sein, das sich stärker fühlt, mobil. Sind hingegen beide Teile misslich daran und in jeder Hinsicht zurückgekommen, sind sie namentlich wenig volkreich, dann kann eine andere Politik als eine kriegerische eintreten, indem beide sich mit einander vereinigen und solche Bündnisse sind unverletzlich. Doch dürfte eine so günstige Lösung des Konflikts selten sein, in der Regel kommt es zur blutigen Entscheidung, welche wohl meist mit völliger Vernichtung des überwundenen Volkes enden wird. Die Burg der Schwächeren, in offener Feldschlacht Überwundenen, wird mit stürmender Hand genommen, sämmtliche Bewohner, ausgebildete Ameisen, Puppen, Larven und Eier werden vom Erdboden vertilgt und oft die eroberte Stadt mit Bürgerinnen des alten Heims neubesiedelt.

Wie blutig diese Schlachten ausfallen, dafür nur ein Beispiel: Lincecum sah in Texas die Wahlstätte, auf welcher zwei Völker der schwarzen Baumameisen gekämpft hatten, mit 4 bis 5 Liter (gegen 40 000) Leichen bedeckt.

Oft werden die Kriege auch nicht durch eine Schlacht entschieden, sie können tage- selbst wochenlang dauern. So berichtet Mac Cook über die Kämpfe, welche Tetramorium caespitum, eine auch bei uns vorkommende Form, innerhalb der Stadt Philadelphia führt, dass sie sofort nach dem Verlassen der Winterquartiere beginnen, bisweilen den ganzen Sommer mehrfach aufs neue ausbrechen und ihren Abschluss nicht eher finden, als bis eins der beiden kämpfenden Völker vernichtet ist. Derselbe Forscher behauptet sogar, dass zwischen den Bewohnern einer Stadt dieser Ameisenart im Frühling Bürgerkriege entbrennen, durch welche der überwundene Teil schliesslich zum Auswandern gezwungen wird. Es ist sehr wahrscheinlich, dass Übervölkerung die Ursache dieser bei Ameisen sehr überraschenden Erscheinung ist. Während dieser Kämpfe werden die Leichen der erschlagenen Angehörigen von jeder Partei zusammengeschleppt.

Merkwürdige Analogien, teilweise bis in das kleinste Detail bietet das Leben und Treiben der Ameisen mit dem der Menschen. Auch jene fürchterlichen Wesen, von allen Schuften die niederträchtigsten, die Schlachtfeldhyänen fehlen ihnen nicht. So ist Myrmica scabrinodis von Natur feig und diebisch und während der Kämpfe grösserer Arten sucht sie verstohlen das Schlachtfeld ab und verzehrt die Toten. Desgleichen kann man ziemlich sicher darauf rechnen, dass, wenn zwei ansehnlichere Species aneinander geraten sind, sich Tapinoma erraticum einstellt. Sie klettern an Grashalmen in die Höhe der besseren Aussicht halber, wenden die Köpfe suchend nach rechts und links, bis sie in der Nähe eine tote oder sterbende Heldin erblicken. Auf diese stürzen sie hinzu, packen sie mit den Kiefern an einem Beine und bissen sie möglichst rasch auf ein Hälmchen hinauf. Denn die Mitkämpfer würden einen solchen frechen Leichenraub nicht dulden und das weiss die Räuberin genau: sie klettert mit ihrer Beute durch das Gras, in den Bäumen gewissermassen von Wipfel zu Wipfel, bis sie ausser Sehweite der Kombattanten zu sein glaubt, dann erst schlägt sie den viel bequemeren Weg auf der Erde ein.

Gewiss sind diese Kriege und Gefechte zwischen den Völkern der nämlichen Ameisenarten oder auch verschiedener des Besitzes einer Hecke, einer Blattlausherde halber merkwürdig genug, es giebt aber noch viel merkwürdigere, welche zu dem Überraschendsten gehören, was die ganze Tierwelt dem Beobachter bietet. Nicht immer werden die Kämpfe zwischen zwei verschiedenen Arten um das Mein und Dein geschlagen, nicht immer ist ihr Endziel die Vernichtung oder Vertreibung des Gegners, sie können viel wunderbarere Ursachen haben. Gewisse Arten unternehmen bekanntlich Kriegs- oder besser Raubzüge gegen andere, um sich aus ihrer Mitte Sklaven zu holen. Diese seltsame Thatsache wurde am 17. Juni 1804 Nachmittags zwischen 4 und 5 Uhr in der Umgegend von Genf durch Peter Huber entdeckt, durch keinen andern Forscher aber gründlicher untersucht als durch seinen Landsmann August Forel. Aber trotz dieser glänzenden Untersuchungen ist noch manches dunkel in der Geschichte der Verhältnisse, in welcher Ameisen verschiedener Arten zu einander stehen.

Am genauesten hat Forel rücksichtlich des Haltens von Sklaven die Amazonenameise (Polyergus rufescens) beobachtet. Die Sklavenjagdzüge dieser hochinteressanten Insekten brechen in der Regel im Sommer, vom Juni bis September des Nachmittags zwischen 2 und 5 auf, je heisser das Wetter ist desto später, jedoch darf die Lufttemperatur nicht unter 16° R. sein. Die Anzahl von Individuen, welche sich an diesen Expeditionen betheiligen, schwankt zwischen 100 und 2000 und erscheint im Verhältnis der Menge von Bewohnerinnen eines Nestes schwach, aber ein gut Theil dieser Bewohnerinnen besteht aus schon bei früheren Expeditionen erbeuteten Sklavinnen und diese betheiligen sich niemals an den Ameisenraubzügen ihrer Herrinnen. Vor einem solchen Auszuge treiben sich eine Anzahl von Amazonenkriegerinnen. — Arbeiterinnen hat diese Art nicht, statt ihrer werden eben die Sklavinnen gehalten. — ziemlich lange auf der Aussenseite des Nestes herum. Plötzlich stürzen einige eiligst in den Bau zurück und kehren mit Schaaren von Genossinnen wieder. Jetzt beginnt eine lebhafte Unterhaltung, indem sich eifrig mit den Fühlern gestikulirende und die Stirnen gegenseitig beklopfende Gruppen bilden. Endlich ist man schlüssig geworden; eine je nach den Umständen lange und breite, aber immer geschlossene Heersäule begiebt sich nach der Richtung zu auf den Marsch, auf welcher hin ein vorher von Spähern ausgekundschaftetes Nest von Formica fusca oder rufibarbis liegt. Alle Kameradinnen halten sich dicht zusammen, und während sie sonst im Einzelkampfe von geradezu blinder und unvernünftiger Kourage sind, lassen sie jetzt die Vorsicht und die Klugheit walten, wissen vorzüglich zu schwenken, sich zurückzuziehen und vorzurücken, wie die Umstände es erfordern. Auf dem Marsche wird wohl einmal Halt gemacht, um auf Nachzügler zu warten und Versprengte wieder heranzuziehen. Bisweilen finden längere Pausen statt, man beratet sich und ein Teil der Armee trennt sich vom Hauptcorps, wenn eine andere Stadt der Sklavinnen, als auf welche es eigentlich gemünzt war, entdeckt wurde. Die Geschwindigkeit des Marschirens hängt von allerlei z. T. für den Beobachter nicht zu ermittelnden

Umständen ab. Sie ist beträchtlicher bei wärmerem, geringer bei kühlerem Wetter, sie kann bergauf oder bei ungünstigem Terrain, im Rasen oder über lockere Erde nicht so bedeutend als auf kahlem, festem Boden sein, sie richtet sich danach, ob das Heer mit frischen Kräften und ledig aus seiner Stadt hervorbricht oder ob es ermattet und beladen zu seinen Pennaten heimkehrt. Die Bewegungen der Ameisen sind im Allgemeinen äusserst hurtig. Wir unterschätzen ihre Geschwindigkeit nur zu leicht, indem uns die eigene Körpergrösse als Massstab der Entfernungen und als Grundlage der Beurteilung der zu ihrer Zurücklegung nötigen Zeiträume unwillkürlich vorschwebt. Eine Armee von Polyergus rufescens legt nach Forel bei tüchtigstem Marsch und auf völlig günstigem Boden einen Meter in 25 Sekunden zurück und es darf nicht übersehen werden, dass eine geschlossene Kolonne von vielen Individuen diese Arbeit leistet. Eine Polyergus-Kriegerin ist aber nur 6,5 mm lang, das Verhältnis ihrer Grösse zur zurückgelegten Wegstrecke ist also ungefähr dasselbe, als ob ein Durchschnittsmann von 1,60 Meter Länge einen Raum von 35 Kilometer in einer Stunde durchlaufen hätte, eine Bewegungsgeschwindigkeit wie sie ungefähr ein laufender Eisenbahn-Personenzug hat. Ein Heerhaufen von Polyergus rufescens, welchen Forel beobachtete, brauchte zur Eroberung und Ausplünderung eines 20 Meter vom eigenen Heim entfernten Nestes nur 35 Minuten. Gewiss enorme Leistungen, grosse Thaten für so winzige Geschöpfchen!

Der Gegenstand, welchem diese Raub- und Kriegszüge gelten, sind freilich der armen, schwächern Überfallenen beste Habe! — ihre Puppen. Ihnen selbst geschieht nichts, falls sie sich nicht zur Wehre setzen oder durch Festhalten der Puppen auch nur passiven Widerstand leisten, was ein ausgezeichneter Beobachter, Landsgerichtsrat von Hagens, nur ein einziges Mal beobachtete. Polyergus ist aber durch seine ungeheure Tapferkeit ein furchtbarer Gegner! Forel sah einst einen kleinen, vom grossen auf dem Raubzuge begriffenen durch Zufall abgetrennten Trupp dieser kühnen Amazonen, der vielleicht noch keine 100 Köpfe zählte, auf eine sehr grosse Stadt von Formica rufibarbis losmarschiren. Vor deren Thoren angelangt, zauderten die Heldinnen, — aber nur einen Augenblick! Dann stürzen sie sich mitten unter die Feinde, welche von ihrer Grösse und ihnen im Masse mindestens um das zwanzigfache überlegen waren. „Nicht oft“ sagt Forel „bin ich Zeuge eines trotz seiner Kleinheit überwältigenderen Schauspiels gewesen: die Amazonen verschwanden buchstäblich in der Menge der von ihnen mit beispielloser Kühnheit angegriffenen Gegner. Mehrere von ihnen drangen wirklich in das Nest ein, — nach kurzer Zeit erschien eine jede wieder, beladen mit einer erbeuteten Puppe und brach sich fliehend Bahn."

Seltsame Ereignisse in der Ameisengeschichte hat unser schweizer Myrmekologe sich unter seinen Augen abspielen sehen. Einst machte ein Korps von Polyergus rufescens einen Anschlag auf eine Stadt von Formica rufibarbis. Als es vor derselben anlangte, sah es, dass ihm ein anderer Haufe von Parteigängern, von der gleichfalls Sklaven haltenden Formica sanguinea zuvorgekommen war und das Nest rein ausgeplündert hatte. Die Amazonen, kurz entschlossen, machten sich auf zur Verfolgung der ihnen vorgreifenden Sklavenjägerinnen, um ihnen die geraubten Puppen abzunehmen, aber diese waren schon zu sehr zerstreut und verstanden es meisterlich sich zu verbergen. Ich habe diese Geschichte in Forels herrlichem Werke nie lesen können, ohne an die seltsamen Abenteuer des Simplicius Simplicissimus denken zu müssen!

Die Amazonenameise ist fürwahr eine gewaltige Kriegerin! Wenn Formica sanguinea von einem grossen Heere der Formica pratensis angegriffen wird, so weiss sie sich mit ihren Puppen in guter Ordnung davon zu machen und verteidigt die Thore ihrer Stadt bis aufs Äusserste. Wenn beide an Zahl gleich sind, so siegt sanguinea immer, ja bisweilen vermag sie eine an Zahl viermal überlegene Schaar von pratensis abzuwehren. Aber 60 Polyergus rufescens sind im Stande eine Schaar von mehreren hundert sanguinea-Kriegerinnen in einem Augenblick bis an die Thore ihres Nestes zurückzuwerfen und das Volk so in Schrecken zu versetzen, dass alle fliehen und Stadt samt Puppen fast ohne Gegenwehr dem Feinde schimpflich überlassen.

Und Formica sanguinea ist sonst laut Forel auch keine zu verachtende Gegnerin. Vielleicht führt sie sogar ihre Kriege am genialsten. Wenn sie mit einer gleichgrossen Art, mit F. pratensis etwa, eine Affaire hat, so greift sie nicht von vorne an, sondern versteht es meisterlich dem Feinde in die Flanke zu fallen. Ihre Leute marschieren in kleinen Trupps, welche fortwährend Späher entsenden, um mit ihren nachrückenden Abteilungen in Fühlung zu bleiben und um die Bewegungen des Feindes und seine schwachen

Punkte zu erkunden. Wenn der Gegner mit geschlossenem Heere gegen sie ausrückt, so suchen sie dasselbe durch Überrumpelung zu erschrecken. Wenn die gegen ihre Stadt marschirende Armee von pratensis ungefähr 2 Fuss von dieser entfernt ist, so entsendet sanguinea ein Ausfallscorps, welches dem Feinde in die Flanken fällt oder seinen Nachtrab angreift. Die Mannschaften machen sich mit unglaublichem Ungestüm an den Gegner, weichen aber sofort zurück, wenn der gefundene Widerstand sich stärker als erwartet erweist. Diese immer wiederholten kleinen Attacken beunruhigen und verwirren die pratensis-Armee ungemein und oft bricht ihnen zufolge in ihr eine Panik aus und sie weicht auf der ganzen Linie zurück. Jetzt erst entfaltet sich das ganze militärische Genie von sanguinea. Sie erkennen sofort, wenn sich die pratensis-Kriegerinnen das Zeichen zum Rückzuge geben und verstehen alle Kameradinnen im Umsehen von der gemachten Entdeckung in Kenntnis zu setzen. In demselben Augenblick, wo die pratensis sich einander zuwenden, um sich durch einige rasche Schläge mit den Fühlern die Mitteilung zu machen, dass der Widerstand aufzugeben und es geraten sei, sich en masse zurückzuziehen, sieht man auch die sanguinea sich ohne Zaudern sofort mitten unter die Feinde werfen und wütend nach rechts und links um sich beissen. „Ich habe oft gesehen" erzählt Forel „wie eine einzige kleine sanguinea ohne Furcht mitten unter Tausende von pratensis hineinsprang und eine nach der andern anfiel. Dann sind die pratensis wie vor den Kopf geschlagen und leisten nicht den geringsten Widerstand und wären ihrer hundert gegen eine sanguinea.

Die sanguineae sind gleichfalls Sklavenhalterinnen, verfahren aber bei ihren Expeditionen weit anders als Polyergus rufescens. Sie rücken nicht als wohlgeordnete, geschlossene Schar, sondern in kleinen Haufen aus, welche unabhängig von einander zu agieren suchen, dabei aber vom angegriffenen Teile, falls derselbe stärker ist, überwältigt werden können. Ein solches Ereignis macht dann die sanguinea-Detachements vorsichtiger, sie schicken Adjutanten aus, suchen mit nachrückenden Heerhaufen Fühlung zu gewinnen und ziehen Verstärkung heran. Sobald diese in genügender Menge eingetroffen ist, schreiten die Kriegerinnen zu einer regelrechten Belagerung des überfallenen Nestes, indem sie dasselbe ringsum oder mindestens zur Hälfte umgeben, und sich mit aufgesperrten Kiefern und gestikulierenden Fühlern nicht von der Stelle rühren. Angesichts der grossen Feindesmasse wird nun doch den Belagerten (Formica fusca oder rufibarbis) die Sache bedenklich. Sie machen in grosser Zahl einen Ausfall. — Huber sah einmal bei einer solchen Gelegenheit, wie das Ausfallskorps einen Raum von 2 Quadratfuss bedeckte — und fangen Plänkeleien mit den Gegnern an, welche sich bald zu Scharmützeln steigern. Rufibarbis sucht für alle Fälle und bevor der eigentliche Kampf begonnen hat, das Gut, welchem der Anschlag seitens sanguinea galt, die Puppen in Sicherheit zu bringen, indem sie dieselben an eine vom Feinde möglichst entfernte Stelle auf der Aussenseite des Nestes in einen Haufen zusammenschleppt. Mittlerweile sind die Scharmützel lebhafter und zahlreicher geworden, bald greift sanguinea auf der ganzen Linie an und sucht schleunigst die Thore der belagerten Stadt zu gewinnen. Der ungestüme Angriff verwirrt die rufibarbis-Leute, sie vergessen den Widerstand und versuchen nur ihre Puppen wegzuschaffen. Die sanguinea-Amazonen verhindern dieses und setzen sich selbst mit Gewalt in den Besitz der Nachkommenschaft des überwundenen Gegners. Andere von ihnen haben die Thore des eingenommenen Nestes besetzt, gestatten allen rufibarbis, welche unbeladen herauskommen den Austritt, arretieren aber diejenigen, welche eine noch zurückgelassene Puppe retten wollen. Wieder andere dringen in das Nest ein und schaffen selbst erbeutete Puppen heraus. Nach Versprengung der überfallenen rufibarbis entwickelt sich ein lebhafter Verkehr zwischen der eroberten und der eigenen Stadt; in ununterbrochenen Reihen marschieren die sanguinea mit den Beutestücken beladen heim und kehren ledig zurück und oft ist erst nach mehreren Stunden der Transport vollendet. Bisweilen legen sie eine Besatzung in die eroberte Stadt, sollen auch unter Umständen eine neue Kolonie in derselben gründen, meist aber lassen sie dieselbe, welche niemals von den vertriebenen Bürgerinnen wieder in Besitz genommen und bezogen wird, verfallen und verkommen.

Formica sanguinea veranstaltet derartige Sklavenjagden seltner als Polyergus, vielleicht blos zwei oder dreimal für Jahr und Volk, aber dieselben beginnen früher am Tage und dauern länger, manchmal werden auf einen Zug mehrere Nester von rufibarbis ausgeraubt.

Weniger leicht vermag sie Formica fusca, welche Adlerz in sehr verschiedener Anzahl in sanguinea-Nestern, von 6 bis zu 33 Prozent antraf, zu überwältigen, welche sich kräftig wehrt, die Thore ihrer Stadt verrammelt, schliesslich aber doch ihre Brut preisgeben muss. Forel konstatiert, dass sanguinea ihre Gegner schont und möglichst wenige derselben umzubringen bemüht ist. Nur solchen, welche sich an ihren Gliedmassen verbeissen, zermalmt sie mit einem Kieferdruck den Kopf. Das ist sehr merkwürdig, umsomehr als sie bisweilen die Nester anderer Ameisen (Lasius niger und flavus) überfällt, freilich nicht, um Sklaven zu fangen, sondern um die erwachsenen Einwohner zu töten, die Nymphen aber zu fressen. Sie sehen gewissermassen in Formica rufibarbis und fusca noch Mitameisen, in den Arten von Lasius aber inferieure Geschöpfe, welche zu tödten kein Mord und zu verspeisen kein Kannibalismus genannt werden kann. So ohne Weiteres ergeben sich aber die Lasius nicht. Wird ihre Heimstätte angegriffen, so entfliehen sie nicht, sie ziehen sich viel mehr in die tieferen Gelasse zurück und verteidigen Gallerie nach Gallerie. Sie verrammeln mit grosser Schnelligkeit die Zugänge mit Erdbarrikaden, welche der Feind erst wegschaffen muss, und da ihre Nester gross sind und deren Räume wahre Labyrinthe bilden, können sie diese Kämpfe lange aushalten, besonders, wenn der Feind wenig zahlreich ist. Während sie den Gegner so hinhalten und beschäftigen, wühlen sie als geschickte Minirer einen unterirdischen Tunnel aus, welcher irgendwo die Oberfläche der Erde erreicht und durch welchen sie sich und die Ihrigen nach aussen retten.

Keine andere Art von Formica als sanguinea hält normalerweise Sklaven und auch sie ist nicht ausschliesslich auf die Arbeit derselben angewiesen, sie legt selbst mit Hand an, ja es giebt Völker, welche überhaupt keine Sklaven halten, während das bei dicht daneben wohnenden wohl der Fall ist und Forel glaubt beobachtet zu haben, dass im ersteren Falle die Anzahl kleiner eigner Arbeiterinnen weit grösser ist als im letztern. Man möchte fast vermuten, dass diese Gewohnheit bei sanguinea noch nicht allzulange im Schwunge ist, während sie bei Polyergus viel tiefer eingreifende Veränderungen in Charakter und Lebensweise hervorgebracht, wahrscheinlich also weit länger ihren Einfluss ausgeübt hat. Es wäre übrigens ein Irrtum, wenn man annehmen wollte, das Loos der Ameisensklavinnen sei ein hartes. Es ist eigentlich das ganze Verhältnis, das hier stattfindet, nicht das von Sklavinnen zu Herrinnen, denn die geraubten haben unter allen Umständen ihre persönliche Freiheit und angestrengte Arbeit ist ihnen sicher keine Last, im Gegenteil wahrscheinlich ein Bedürfnis, ohne welches sie nicht existieren können. Richtiger wäre es und den wahren Umständen mehr entsprechend, wenn man die Wechselbeziehungen als eine Art gewaltsamer Adoption oder unaufgeforderter Verleihung des Bürgerrechts betrachtete. Es ist wahrlich kein Verhältnis der Sklaverei zu nennen, wenn bei einem Umzug einer Kolonie von Formica sanguinea bald sogenannte Sklaven (fusca) ihre Herrn, bald diese jene tragen. Ja, die Sache kann noch anders kommen, es kann der Fall eintreten, dass die Sklaven die Herrinnen tyrannisieren. So erzählt Mac Cook, dass Polyergus lucidus, der nordamerikanische Vertreter unseres rufescens, Formica Schauffussii als Sklavin halte. Diese scheint es unpassend zu finden, wenn die Herrinnen sich ausserhalb des Nestes herumtreiben; sie kriegen sie bei solchen Gelegenheiten sehr unceremoniös zu packen und tragen sie in den Bau zurück, wobei die gemassregelten Herrinnen bisweilen eine mürrische Art passiven Widerstandes leisten „die Ameisenherrinnen können offenbar ein wenig das bekannte Liedchen singen von der bittern Tyrannei, welche oftmals aus der „Hilfe“ treuer Dienstboten nach und nach erwächst“.

Der demoralisierende Einfluss der Sklaverei, an welchem mehr wie ein Staat des Altertums zu Grunde ging, macht sich auch bei den Ameisen geltend. „Die Sklaverei“ sagt Sir John Lubbock, „scheint bei den Ameisen ebenso wie bei den Menschen eine Herabsetzung derjenigen zur Folge zu haben, welche dieselben treiben und es ist nicht unmöglich, dass die sklavenhaltenden Arten schliesslich nicht mehr im Stande sein werden, die Konkurrenz mit denjenigen zu bestehen, welche selbständiger sind und eine höhere Phase der Zivilisation erreicht haben.“

Die Polyergus-Arten haben alle sozialen Instinkte bis auf die Tapferkeit eingebüsst und ihre Kiefer sind zwar tüchtige, selbst furchtbare Waffen, aber zu keiner Arbeit geeignet, wie der wilde Korsar wohl versteht das Eisen als Säbel aber nicht als Pflugschar zu verwerten. Jene Ameisen haben im Verlass auf ihre Sklaven das Talent zu bauen verloren, sie sind nicht mehr imstande die Nachkommenschaft zu versorgen und sie müssen sich bei längeren Märschen von ihren Dienerinnen tragen lassen, denn ihre Bewegungen sind ganz willen- und direktionslos. Mac Cook nahm eine Reihe von Individuen ihren Trägerinnen (Formica Schauffussii) ab und liess sie laufen. Sie irrten in völlig planloser konfuser Weise umher, bis sie wieder von ihren Sklavinnen gepackt und fortgeschafft wurden. Ja, sie haben sogar das selbständige Fressen verlernt und müssen sich in traurigster Abhängigkeit von ihren Sklavinnen füttern lassen! Isolierte, mit Futter reichlich versehene Individuen von Polyergus rufescens gingen bei Lubbock in 2—3 Tagen zu Grunde, that aber dieser geniale Experimentator auch nur eine einzige Sklavin täglich für 1—2 Stunden zu ihnen, so blieben sie gesund und Monate lang am Leben, denn von dieser wurden sie gereinigt und gefüttert.

Bei so intimen Beziehungen der sklavenhaltenden Ameisen zu ihren Zofen lässt sich wohl glauben, was Forel sagt, dass sie nämlich in manchen Dingen ein wenig vom Charakter ihrer Pflegerinnen annehmen, denn Formica fusca und rufibarbis, aus welchen Arten sich bei Polyergus, aber immer nesterweise getrennt, nie zu gleicher Zeit, die Sklavinnen rekrutieren, seien sehr verschiedenen Temperaments und hätten eine verschiedene Art und Weise zu leben und sich zu geben. Das ist durchaus nicht unwahrscheinlich! Wissen wir doch, dass von Hühnern ausgebrütete und geführte Enten manchmal gewisse Eigenschaften ihrer Pflegemütter annehmen und dass sogar von Katzen aufgesäugte und grossgezogene Hunde in einzelnen Punkten den Ammen nachschlagen, ihnen z. B. die Gewohnheit des sogenannten Waschens abgeguckt und abgelernt haben!

Auf der andern Seite fühlen sich jene Sklavinnen, welche, als Puppen geraubt, niemals mit vollem Bewusstsein, sondern nur als vegetierende Larven die Ihrigen haben kennen gelernt, mit ihren Herrinnen konsolidarisch verbunden. Das Vaterland, das Interesse dieser ist auch das Ihrige. Wir wissen aus zahlreichen Geschichten aller Zeiten, wie auch der Mensch, welcher als Säugling oder kleines Kind zu einem andern Volke, selbst fremder Race kam und dort auferzogen wurde, die Gewohnheiten seiner Erzieher annahm und als die Seinen ansah — wie er an der Seite derjenigen, welche ihn in jungen Jahren raubten, tapfer und mit gleicher Leidenschaft wie sie sogar gegen seine eigenen Brüder focht.

Nicht anders bei den Ameisen. Formica Schaufussii beteiligt sich mit aller Kraft an den Gefechten ihrer Herrinnen (Polyergus lucidus). Sie thut es ebenso freiwillig und unaufgefordert, wie sie für dieselben baut und die Teilnahme an jenen Kämpfen stimmt sehr wohl mit ihren von Haus aus kriegerischen Neigungen überein, gerade so, wie es bei uns der Fall ist mit den tapfern Formica rufibarbis und pratensis, wenn sie die Adoptiv-Mit-

6*

bürgerinnen von Polyergus rufescens geworden sind. Forel leerte einmal einen grossen Sack voll Formica pratensis mit zahlreichen Puppen in ein bis dahin sklavenloses Nest von sanguinea aus; die ausgebildeten Individuen der gewaltsam eingeführten Fremdlinge wurden überwältigt, getötet oder vertrieben, die Puppen aber als ein willkommener Artikel in das Nest geschafft. Im nächsten Jahre enthielt dasselbe, wie zu erwarten, zahlreiche Imagines von pratensis, welche keine 10 Schritte von dem Neste, aus welchem sie Forel als Puppen genommen hatte, friedlich neben den sanguinea-Arbeiterinnen beschäftigt waren. Als nun eine Handvoll pratensis aus jenem alten Neste in das von sanguinea gebracht wurde, erschienen die Geschwister in Verein mit den Herrinnen auf der Aussenseite des Nestes, griffen ihr eignes Fleisch und Blut wütend an und überschütteten es mit Gift.

Während die Beziehungen von Formica sanguinea und den Arten der Gattung Polyergus zu den ihre Nester mitbewohnenden eingeschleppten Arbeiterinnen ziemlich klar und durchsichtig sind, ist das mit denen von Strongylognathus testaceus, Huberi und Anergates atratulus zu Tetramorium caespitum durchaus nicht der Fall, die Sache ist sogar ausserordentlich dunkel und rätselhaft.

Bei den Strongylognathus-Arten kommen Arbeiterinnen oder besser Kriegerinnen vor, aber in so geringer Zahl, dass es nicht begreiflich ist, wie sie es anfangen die volkreichen Städte des Tetramorium caespitum zu erobern. Dazu ist noch ihre Bewaffnung schwach, aber doch beobachtete Forel, dass die ihnen Sklaven liefernden Völker sie sehr fürchten. St. Huberi raubt Puppen: dass St. testaceus dies thäte, hat noch niemand beobachtet und vielleicht geschieht es überhaupt nicht. Er ist noch weit weniger im Stande seinen Gegnern zu schaden als Huberi und während diese Art als Herrin ein Drittel eines gemischten Volks ausmacht, finden sich von testaceus immer nur 1 oder 2 Individuen auf 100 Exemplare von Tetramorium. Diese beiden Umstände sprechen gegen die Fähigkeit von testaceus, Sklavenjagden zu unternehmen und doch können sie ohne Sklaven überhaupt so wenig wie Polyergus existieren, ja sie sind noch weit mehr degeneriert wie die Arten dieser Gattung.

Noch weit abhängiger von Tetramorium ist Anergates atratulus, eine Spezies, welche sogar ihres Arbeiterinnen- oder

Kriegerinnenstandes verlustig gegangen ist. Ich sage verlustig gegangen, denn das Fehlen eigner sterilen Formen bei einer Ameisenart ist sicher eine sekundäre Erscheinung und die letzte Konsequenz s. z. s. der Depravation durch das Sklaventum. Wenn Polyergus auch fast alle sozialen Instinkte eingebüsst hatte, so besass er doch wenigstens noch einen, — die Tapferkeit und die Fähigkeit freiwillig für das Vaterland zu sterben und die Trägerinnen dieser Bürgertugend waren die Sterilen, und ähnlich liegt die Sache bei Strongylognathus, wenigstens bei St. Huberi. Anergates kann unter allen Umständen keine Sklaven machen und es ist wenig wahrscheinlich, dass St. testaceus dazu im Stande ist. Von Hagens hatte seiner Zeit die Andeutung fallen lassen, es könne möglich sein, dass diese letzte Form vielleicht keine eigene Art, sondern nur eine monströse Varietät von Tetramorium caespitum sei. Diese Vermutung ist seit der Entdeckung von St. Huberi, welcher testaceus immerhin nahe verwandt ist, aber von demselben Tetramorium seine Sklaven mit Gewalt bezieht, hinfällig geworden. An einer anderen Stelle spricht von Hagens die Vermutung aus, das befruchtete Weibchen schliche sich in das Nest des Tetramorium ein und würde hier aufgenommen und samt seiner Nachkommenschaft verpflegt. Dagegen wendet Forel ein, dass Tetramorium seine eignen Weibchen habe und dieselben ganz gewiss nicht gegen die einer fremden Art austauschen würde. Anergates aber sei zu klein und zu schwach (?), um die Weibchen von Tetramorium zu tödten. „Selbst wenn wir annehmen, dass einzelne Arbeiterinnen von T. caespitum sich von ihrem Neste entfernt und sich an ein ihnen begegnendes befruchtetes Weibchen angeschlossen hätten, um eine neue Kolonie zu gründen, so würde diese Annahme doch nicht ausreichen, die ausserordentlich grosse Menge der caespitum Arbeiterinnen zu erklären, auch dann nicht, wenn sich dieselbe jedes Jahr erneuere. Die Möglichkeit einer Fortpflanzung von Arbeiterinnen des T. caespitum auf parthenogenetischem Wege darf durchaus nicht übersehen werden."

Mir scheint jedoch die Hypothese, welche Sir John Lubbock aufgestellt hat, die einzige zu sein, welche diese Schwierigkeiten auf eine einigermassen glatte Art löst. Er nimmt an, dass ein Männchen und ein Weibchen von Anergates in ein Tetramorium-Nest eindringen und auf irgend eine Weise die Königin desselben umbringen. Da nun die Ameisen länger leben, als man früher und auch noch Forel in der eben mitgeteilten Stelle annahm, „so würden wir im folgenden Jahre ein Volk erhalten, das aus den beiden Anergates, ihren Jungen und Tetramorium-Arbeitern bestände". Nur ein Punkt scheint mir in dieser Annahme des genialen Biologen fraglich, ja mehr als das: nämlich das Eindringen beider Geschlechter von Anergates in das Tetramorium-Nest. Erstens ist es überflüssig, denn es genügt, wenn ein befruchtetes Weibchen hinein gelangt. Zweitens widerspricht diese Annahme allen Thatsachen, welche wir über die Gründung neuer Ameisenkolonien kennen, welche immer allein von Weibchen ausgehen —, wie von Hagens auch von Anergates blos diese im August ausschwärmen sah, — und drittens sind die Anergates-Männchen derartig degenerirt, dass sie die Flügel eingebüsst haben, ihre Beine sind so schwach und ihr Hinterleib schleppt derart auf dem Boden nach, dass sie sich überhaupt nur mit grosser Mühe von der Stelle bewegen, — sie sind einfach zu Begattungs-Maschinen entwürdigt!

Wir hätten es also hier nach Lubbock mit einer ganz besondern Form des Schmarotzertums zu thun, wie sie nur bei sozialen Tieren möglich ist und deren Kernpunkt darin läge, dass eine legitime Herrscherin, um sie einmal so zu nennen, von einem fremden Eindringling vom Thron gestossen und samt ihrer geschlechtlich leistungsfähigen Nachkommenschaft vernichtet wird. Man könnte diese Art des Parasitismus als Usurpatorismus bezeichnen und es ist wahrscheinlich, dass er ähnlich bei St. testaceus auftritt.

Einige Dunkelheiten werden indessen auch durch die Lubbock'sche Hypothese noch nicht aufgeklärt: wie kommen die befruchteten Weibchen von Anergates (und St. testaceus?) in die Tetramorium-Nester, ohne von den Arbeiterinnen in denselben angehalten, vertrieben oder ermordet zu werden? und töten sie, wenn sie einmal eingedrungen sind, die echte Königin bevor dieselbe Eier gelegt hat oder nachher und mit ihr zugleich die ganze Nachkommenschaft?

Im Allgemeinen aber können wir die Ansicht Sir John Lubbocks, wenn sie auch alle Fragen bei weitem noch nicht löst, annehmen. Wir hätten dann schliesslich folgende Reihe verschiedener Verhältnisse der Sklaverei bei den Ameisen:

1) Die sklavenhaltende Ameise kann fremde Arbeiterinnenpuppen in ihr Nest schleppen, um Sklaven zu erhalten, braucht es indessen nicht zu thun, sondern ist im Stande den Staat nach

jeder Richtung sowohl als Arbeiterin wie als Kriegerin selbst zu erhalten und zu schützen = Formica sanguinea.

2) Die sklavenhaltende Ameise muss fremde Arbeiterinnenpuppen einschleppen und muss Sklaven haben, da sie selbst weder zu arbeiten noch zu fressen versteht, sondern blos Kriegerin ist, = Polyergus, Strongylognathus Huberi.

3) Die auf Erhaltung durch die Arbeiterinnen anderer Arten völlig angewiesenen Ameisen dringen in die Nester dieser andern Arten ein und vernichten die rechtmässige Dynastie:

    a) sie haben noch eigene, aber in jeder Hinsicht wenig leistungsfähige und eigentlich überflüssige Arbeiterinnen resp. Kriegerinnen = Strongylognathus testaceus.

    b) sie haben keine eignen Arbeiterinnen und Kriegerinnen mehr, es sind diese Kasten als völlig überflüssig im Lauf der Zeiten eliminiert = Anergates atratulus.

Es ist wahrscheinlich, dass die Gewohnheit mancher Ameisen Sklaven zu halten, welche nicht blos in Europa und Nordamerika, sondern nach Lund auch in Brasilien vorkommt, bei verschiedenen Ameisenformen selbständig entstanden ist und dass auch sie, wenigstens zum Teil eine Folge des sozialen Instinktes ist.

Darwin hat meines Wissens zuerst über die Entstehung dieser Gewohnheit eine Hypothese aufgestellt. Er ist geneigt anzunehmen, dass die betreffende sklavenhaltende Ameisenart zuerst Puppen ihrer jetzigen Sklaven eingetragen hätte, um sie zu fressen. Gelegentlich wären solche Puppen aber nicht verspeist, sondern vielleicht vergessen worden und hätten Arbeiterinnen geliefert, welche ihrem natürlichen Triebe folgend in dem fremden Neste angefangen hätten zu arbeiten wie in dem eigenen. Habe sich so die Gegenwart fremder Arbeiterinnen in dem Neste der Räuberinnen als nützlich und bequem erwiesen, so hätte es den letzteren wohl zusagen können, mehr derartige Puppen einzutragen, nicht als Nahrungsmittel, sondern um aus ihnen Dienerinnen zu erziehen. Dieser Brauch habe sich durch natürliche Zuchtwahl mehr und mehr und endlich so weit entwickelt, dass Verhältnisse so verächtlicher Art wie zwischen Polyergus und Formica oder Strongylognathus und Tetramorium daraus hätten entstehen können.

Diese Idee haben Forel und Lubbock angenommen und letzterer hat dieselbe etwas weiter ausgeführt. „Die meisten Ameisen", bemerkt Lubbock, „tragen die Larven und Puppen anderer weg, wenn sich

Gelegenheit dazu bietet, und das erklärt oder verbreitet wenigstens
etwas Licht über jene höchst merkwürdige Erscheinung des Vorhan-
denseins von Sklavinnen bei Ameisen. Legt man z. B. eine Anzahl
von Larven und Puppen vor ein Nest von Formica rufa, so werden dieselben alsbald hineingetragen, und die nicht unmittelbar zum
Futter nötig sind, bleiben eine zeitlang am Leben und werden von
ihrem Herrn gefüttert." —

„Sowohl die rote Waldameise (F. rufa) wie auch die Sklavenameise
(F. fusca) sind individuenreiche Arten, und es mag nicht selten
vorkommen, dass die erstern, wenn das Futter karg ist, die letzteren
angreifen und einige von den Larven und Puppen derselben mit
fortschleppen. Unter solchen Umständen geschieht es ohne Zweifel
gelegentlich, dass die Puppen in den Nestern der roten Waldameise
zur Reife gelangen, und es heisst, dass man bisweilen, wenn auch
selten, Nester findet, in denen neben den rechtmässigen Besitzern
einige F. fusca leben. Bei der roten Waldameise ist das jedoch
eine sehr seltene Ausnahmeerscheinung. Bei einer verwandten Spezies
dagegen, F. sanguinea, einer Art, die in ganz Europa vorkommt,
ist das zur ständigen Gewohnheit geworden."

Soweit Sir John Lubbock. Gegen die Ansicht dieses Forschers und gegen die Meinungen Darwins hat Mac Cook Bedenken erhoben. Er weist auf die Thatsache hin, dass Formica
Schauffussii, die Sklavin von Polyergus lucidus, das Nest
der Herrin, wenn es angegriffen wird, mit höchstem Mute und mit
Einsetzung des Lebens verteidige. Man werde zugeben müssen,
dass in diesem Falle die natürliche Zuchtwahl den kriegerischen
Mut und die militärische Geschicklichkeit der Sklavin nicht habe
entarten lassen und dass sich diese Eigenschaften neben denselben
derjenigen Art (P. lucidus), welche in dieser Richtung besonders
angepasst sei, erhalten hätten. Mit andern Worten: während die
Herrin als Kriegerin spezialisirt sei und ihre ursprüngliche Anlage
und Fähigkeit zur Arbeit eingebüsst habe, sei die Sklavin nicht als
einfache Arbeiterin spezialisirt und habe ihre kriegerischen Fähigkeiten nicht verloren, sei vielmehr in jeder Beziehung in dem Besitze
aller normalen Eigenschaften ihrer Art geblieben. Wer daher Darwins Ansicht annehme, müsse zugleich auch zugeben, dass die natürliche Zuchtwahl auf einen Teil der Kolonie spezialisierend eingewirkt habe, auf den andern aber nicht. Es sei zweifelhaft, ob
diese anomalen Verhältnisse, welche sich auf diese Weise aus der Er-

klärung Darwins ergeben, nicht noch schwerer verständlich seien, als die ursprünglichen Thatsachen, welche sie veranlasst hätten.

Dieser Einwand Mac Cooks ist ganz und gar nicht stichhaltig. Der geschätzte Forscher hat eine Sache übersehen, — die Vererbung nämlich. Die Arbeiterinnen von Formica Schauffussii sind von Haus aus sehr tapfere Geschöpfe. Die in den Nestern von Polyergus lucidus können aber in keiner Hinsicht, also auch nicht rücksichtlich des Besitzes des Mutes von ihren zu Hause verbliebenen Geschwistern abweichen. Sie pflanzen sich als sterile Formen im Neste der Herrin nicht fort, diese ist mithin gezwungen, wenn sie ihren Bestand an Sklavinnen nicht eingehen lassen will, immer aufs neue aus den Schauffussii-Nestern Arbeiterinnenpuppen zu rauben. Es kann sich in den Städten von lucidus keine Reihe von Sklavinnen-Generationen entwickeln und von einer Entartung unter allen Umständen nicht die Rede sein. Wohl aber konnte bei Polyergus lucidus, bei welcher im eigenen Neste ganz das Gegenteil stattfindet, im Laufe der Zeiten die Fähigkeit zu arbeiten verloren gehen, denn die Arbeit wird hier von den Sklavinnen besorgt.

Aber trotzdem muss ich gestehen, dass auch mich die Darwin-Lubbock'sche Hypothese nicht ganz befriedigt, wennschon ich keine bessere geben kann. Ob Formica rufa Nester von fusca überfällt und ob sie Larven und Puppen anderen Gattungsgenossen frisst, weiss ich nicht, bezweifle aber wenigstens ersteres. Die Beschreibungen, welche Forel von den körperlichen und geistigen Eigenschaften und Fähigkeiten beider Arten giebt, macht es mir wahrscheinlich, dass rufa bei einem Feldzuge gegen fusca von dieser wohl gehörige Schläge bekommen würde. Was das Fressen der Puppen der letzteren durch erstere betrifft, so mag es unter Umständen meinethalben zutreffen, aber das beweist noch nichts für F. sanguinea, die nebst Polyergus die Sklavenhalterin par excellence ist. Polyergus frisst jetzt sicher keine Puppen, denn, wenn er überhaupt seinen Hunger stillen will, muss er sich von seinen Sklavinnen füttern lassen, aber vielleicht hat er es früher gethan, bevor er soweit degeneriert war. Wenn aber sanguinea auf dem von Darwin angenommenen Wege zu der Gewohnheit des Sklavenhaltens gekommen sein sollte, so möchte man eher erwarten, Lasius niger bei ihr als Diener zu finden, denn dessen Jagd ist laut Forel ihr Vergnügen und ihre Hauptbeschäftigung. Ein Ding ist allerdings auffallend: wir kennen das Vorkommen von Sklaven nur bei carnivoren bezüglich omnivoren Formen; bei den zwar warmen Ländern angehörigen, aber zum teil doch recht genau studierten pflanzenfressenden wurde es noch nicht beobachtet.

Erwähnung verdient noch die Beobachtung von Hagens', dass in grösseren Ameisennestern häufig Arbeiterinnen von andern Arten angetroffen würden, ohne dass dieselbe durch ein besonderes Verhältnis gebunden zu sein schienen. So fand unser Gewährsmann z. B. bei Formica rufa Arbeiterinnen von Myrmica laevinodis, scabrinodis, lobicornis, Leptothorax acervorum und Tetramorium caespitum. Alle diese Arten, sind klein und sie leben an so versteckten Orten, unter Steinen, Rinde u. s. w., dass es höchst unwahrscheinlich ist, dass die nichts weniger als findige rufa sie hier aufgefunden und ihre Puppen eingeschleppt haben sollte. Viel wahrscheinlicher ist es, dass die genannten kleinen Arten nur gelegentliche Besucher der rufa-Nester sind, welche zufällig bei ihren Besuchen durch von Hagens überrascht wurden.

Formica rufa und pratensis sind merkwürdig duldsam gegen derartige fremde Besucher und diese Duldsamkeit hat zu einem Inquilinismus, zu einer Mitbewohnerschaft durch eine Reihe von Gliedertieren geführt, wie sie bei andern Ameisenarten in diesem Umfange nicht wieder auftritt. Unter anderen Inquilinen lebt auch eine kleine Ameise (Stenamma Westwoodii) ausschliesslich in den Nestern jener grösseren Arten, ihre Larven werden in hohlen Stengelchen mit so engem Zugange verpflegt, dass die Wirte nicht eindringen können. Wenn diese aus irgend einem Grunde Umzug halten, so zieht Stenamma mit, läuft in der Kolonne, ja steigt manchmal auf den Rücken eines oder des andern Individuums. „Es ist fast," bemerkt Lubbock, „als wären sie die Hunde oder Katzen der Ameisen." Forel that einmal 30 Stück Stenamma zu Formica pratensis. Diese nahmen aber wenig Notiz von ihnen, packten sie wohl 2 oder 3 mal und schleppten sie ein wenig herum, aber Stenamma wusste immer wieder zu entwischen.

In diesem Falle hat sich also zwischen dem kleinen Gast und dem grossen Wirt ein gemütliches Verhältnis herausgebildet. Es trifft sich aber bisweilen auch anders. In den Nestern verschiedener grösserer Ameisen lebt eine sehr kleine fast blinde, aber mit starkem Stachel bewehrte Art (Solenopsis fugax), welche sich in den Wandungen derselben ihre Wohnungen anlegt mit so engen Zugängen (einige blos 0.5 mm breit), dass wohl sie selbst, unmöglich aber ihre

Wirtin eintreten kann. Solenopsis ist aber für diese eine gefährliche Feindin, denn sie durchbeisst die Hülle ihrer Puppen und frisst diese selbst und sie trägt nach Lubbock ihre jungen Larven von dannen. „Es ist," sagt Lubbock, „als ob wir Zwerglein von 1½ bis 2 Fuss Höhe in den Wänden unserer Häuser wohnen hätten, die uns von Zeit zu Zeit einige von unsern Kindern in ihre düstern Höhlen schleppten."

Das ist kein einfacher Inquilinismus mehr wie bei Stenamma, das ist wahrer Parasitismus, denn der Gast geniesst nicht blos Quartier bei seinem Wirte, sondern er lebt ganz auf seine Kosten und ihm zum Schaden. Ähnliche Beziehungen finden wahrscheinlich in den Tropen zwischen einigen Ameisen und Termiten statt. Man hat wenigstens in den Nestern der letztern Ameisenkolonieen angetroffen, welche kaum in freundschaftlichem Verhältnis zu ihren Wirten stehen dürften.

Sehr allgemein indessen ist wahrer Inquilinismus anderer Gliedertiere bei Ameisen, ja es hat sich eine ganze Fauna sog. myrmekophiler oder ameisenliebender Tiere gebildet. Auch in den Stöcken gesellig lebender Bienen und Wespen findet sich eine ansehnliche Reihe von anderen Insektenarten, aber kaum eine dürfte als Inquiline zu bezeichnen sein, alle sind vielmehr Schmarotzer, welche von den, durch die Bienen bereiteten Substanzen oder gar von ihrer Nachkommenschaft, folglich auf Kosten der Wohlfahrt ihrer Wirte leben.

Ganz anders liegen die Beziehungen der Ameisengäste zu ihren Wirten. Wenn wir schon dieselben nicht in allen Fällen völlig durchschauen und beurteilen können, so ist doch in den meisten das Verhältnis ein auf gegenseitigen Vorteil gegründetes, wir haben es mit der ins praktische Leben getretenen do-ut-des-Theorie, mit der Symbiose zu thun. Unter Symbiose versteht man bekanntlich jene erst in neuerer Zeit ganz gewürdigte, aber lange noch nicht allseitig untersuchte und aufgeklärte Erscheinung, dass ein Organismus mit einem andern und anders gearteten eine feststehende Wechselbeziehung eingeht, durch welche beiden der Kampf ums Dasein wesentlich erleichtert wird, die im Laufe der Zeiten durch natürliche Zuchtwahl eine so innige werden kann, dass beide Beteiligte ohne sie überhaupt nicht mehr zu existieren vermögen. Die Symbiose kann stattfinden zwischen Pflanzen und Pflanzen, zwischen Pflanzen und Tieren und endlich zwischen Tieren und Tieren. Die Ameisen leben sowohl mit Tieren als auch mit Pflanzen in symbiotischen Verhältnissen, wir wollen vorläufig indessen blos die erstern betrachten und die letztern für einen folgenden Vortrag versparen.

Es ist nicht nötig, dass sich die symbiotischen Vorgänge zwischen Ameisen und andern Gliedertieren immer im Neste selbst abspielen, sie können auch ausserhalb desselben stattfinden, sie können vorübergehend oder dauernd sein und es sind die Gäste auf ihre Wirte ausschliesslich angewiesen oder sie sind es nicht. Schon der alte Michael Gehlerus (anno 1610) kannte die Thatsache, dass häufig andere Tiere als Gastfreunde bei Ameisen leben und da er dazu bemerkt, dass sie deren Körpergestalt nach-ahmen, hat er wahrscheinlich Raubkäfer oder Clavigeriden zu sehen bekommen. Seit jenen Zeiten ist die Zahl der bekannten Myrme-kophilen auf mindestens siebenthalbhundert gestiegen. Schon 1874 zählte André ihrer 584, von denen 542 Käfer waren. Sie scheinen sich in allen Teilen der Erde zu finden. Abgesehen von Europa (einschliesslich Madeïra) wurden sie in Nord- und Südamerika, in Südafrika und Indien beobachtet. Sie rekrutieren sich hauptsächlich aus den Käferfamilien der Raubkäfer (Staphylinidae), der Clavi-geridae und Paussidae, welch' letztere beiden fast ganz auf Ameisen angewiesen sind. In zweiter Linie der Artenzahl nach, aber in erster, was den Reichtum an Individuen und damit die Wichtigkeit betrifft, beteiligen sich die Blattläuse, weniger die Schild-läuse und Holzläuse, sowie die Springschwänze und Asseln an der Bildung der Myrmekophilen-Schar. Selbst ein Schmetterling soll im ausgebildeten Zustande ein Ameisengast sein.

Die meisten Ameisennester beherbergen mehrere Arten von solchen Gästen und oft in bedeutender Zahl. So fand Leidy in einem Neste von Formica flava bei Philadelphia 3 verschiedene Insassen: eine Blattlaus, eine Schildlaus und eine, wahrscheinlich einem Käfer angehörige Larve. In diesem Falle wurden die Herden der Blattläuse und Schildläuse gesondert gehalten. Die Herden waren sehr ansehnlich: die der Blattläuse 10 Zoll lang und $^3/_4$ Zoll breit, die der Schildläuse nahm einen Flächenraum von einem Quadratzoll ein. Märkel, der ausgezeichnete käferkundige Cantor von Wehlen in der sächsischen Schweiz, schätzt die Anzahl von Ameisengästen in grossen Nestern von Formica rufa auf mehr als 1000 Stück und Lubbock ist der Ansicht, dass in grossen Nestern von Lasius flavus noch mehr Blattläuse allein vorhanden seien. Lespès meint, dass nicht alle Völker derselben Ameisenart Gastfreundschaft ausüben; manche Völker von Lasius niger reissen Clavigeriden, welche man zu ihnen setzt, in Stücke. Er glaubt daher, dass das Halten von Haustieren, denn zu diesen zählen die Clavigeriden, keine allgemeine Eigenschaft dieser Art sei und dass es unter ihr gewissermassen weiter in der Civilisation fortgeschrittene Rassen und Stämme, welche nicht mehr ausschliessliche Räuber geblieben, sondern zu Viehzüchtern fortgeschritten sind, neben roheren, barbarischen gäbe.

Da die Käfer die Mehrzahl der Myrmekophilen bilden, wollen wir unsere speziellen Betrachtungen mit ihnen beginnen und zwar mit solchen, welche im unausgebildeten Zustande, als Larven bei Ameisen hausen. Deren giebt es in unserm Vaterlande mehrere und die bekannteste ist die der Rosenkäfer (Cetonia). Nicht selten findet man beim Zerwühlen eines Nestes der Formica rufa und zwar meistens in der Tiefe desselben, eine dicke weisse, engerlingartige Larve oder einen eigentümlichen, ovalen, auf der Aussenseite rauhen Körper, ungefähr so gross wie ein kleines Taubenei; das ist der Cocon, in welchem die verpuppte Larve der Cetonie ruht. Schon der eben erwähnte Michael Gehlerus kannte diesen Körper und ihren Ursprung. Unser Rosenkäfer, den er Cantharis nennt, ist nach seiner Meinung kein Feind der Ameisen, sondern ein Einwohner (incola), der mit den Bürgerinnen in guter Eintracht lebt. Er macht sich ein eichelförmiges Häuschen, in welchem er ein sicheres Asyl findet. Alte betrügerische Weiber versprächen den jungen Mädchen Wunderdinge mittelst des Rauches solcher verbrannter Gehäuse zu verrichten. Leider verschweigt der gute Gehlerus, welcher Art diese Wunderdinge waren; viel Gutes wird es kaum gewesen sein. M. F. Lochner hat 1689 diese Puppenhülse zuerst abgebildet; er hielt sie anfangs für einen Stein, als er aber etwas darin sich regen hörte, zerbrach er sie und fand einen Wurm (die noch nicht verpuppte Larve). Diese Larven leben drei Jahre unter den Ameisen, sind aber nur gelegentliche Gastfreunde, welche den verwesenden Holzteilen alter Nester nachgehen und sich ebenso oft, wenn nicht häufiger in modernden Baumstukken finden. Sie ernähren sich von jenen putrescierenden Pflanzenteilen. Wenn Weaver behauptet, er habe selbst gesehen, dass sie die Ameisenpuppen frässen und er habe sie mehrere Monate damit gefüttert, so irrt er sich ganz entschieden. Wir wissen nicht, welchen Vorteil

die Ameisen von der Gegenwart dieser Larven haben; einen braunen
Saft, wie Robert (in Frorieps Notizen 24, 117) angiebt, sondern
sie allerdings ab, aber doch nur, wenn man sie rauh anfasst. Vorläufig bleibt es ein Rätsel, dass die Ameisen diese fetten Geschöpfe
nicht verzehren. Ebenso verhält es sich mit den Larven eines
andern Käfergeschlechtes (des zu den Chrysomeliden oder Goldhähn-
chen gehörenden Genus Clythra), welche auch bei Ameisen hausen
und schöne, kegelförmige, schwarze Käfer mit orangeroten, doppelt
schwarzgefleckten Flügeldecken liefern, die in Deutschland an Pap-
peln und Weidensträuchern stellenweise gemein sind.

Die zahlreichsten Ameisenkäfer, sowohl an Arten wie an Individuen, finden sich bei uns zu Lande in den Nestern von Formica
rufa, pratensis und Lasius fuliginosus. Manche treten hier
öfters in bedeutenden Mengen auf, namentlich Raubkäfer und Clavigeriden und zwar speciell aus der Gattung Claviger, während
von den nahe verwandten Gattungen Chennium (bitubercula-
tum) und Batrisus (formicarius) nach Forel in der Regel
nur immer je ein Individuum von ersteren in den Nestern von
Tetramorium caespitum und Strongylognathus testaceus,
von letzteren bei Lasius brunneus vorkommt. Interessant ist
die Thatsache, dass verschiedene myrmekophile Käfer, welche bei
mehreren Ameisenarten zugleich hospitieren, Varietäten bilden und
bei der einen Ameisenart in dieser, bei einer andern in jener Form
vorkommen. So findet sich Dinarda Maerkelii bei F. rufa
und die sehr nahe verwandte D. dentata niemals bei dieser, sondern stets bei anderen Arten, obwohl beide Käfer nebeneinander
dieselbe Gegend bewohnen. Namentlich aber schwanken dieselben
Spezies der echten Ameisengäste unter den Raubkäfern in ihrer
Grösse entsprechend der Grösse ihrer Wirte. Das ist sehr merkwürdig und nicht leicht erklärlich, wenn man nicht etwa annehmen
will, das ihre Larven von den betreffenden Ameisen gefüttert würden.
Dann hätten wir einen analogen Fall zu einer Erscheinung, welche
uns gewisse Parasiten der Wespen bieten. Metoecus paradoxus,
ein seltsamer Käfer, entwickelt sich in den Zellen der Wespen und
wird noch einmal so gross, wenn seine Entwickelung in einer
Königinzelle oder Weiselwiege als wenn sie in einer Arbeiterinzelle
vor sich ging, da seine Larve im ersteren Falle eine weit reichlichere
Nahrung erhielt.

Die Raubkäfer sind in mehr wie einer Beziehung besonders

lehrreich, wenn man das Wesen der myrmekophilen Insekten studieren will. Sie sind offenbar freiwillige Eindringlinge in die Baue der Ameisen, mit deren Lebensweise die ihrige in soweit übereinstimmt, dass sie versteckt auf dem Boden leben, unter faulenden vegetabilischen Substanzen und unter Steinen. Die meisten myrmekophilen Raubkäfer finden sich bei uns in den Nestern von Formica rufa, welche ihnen annähernd dieselben Existenzbedingungen bieten wie andre Haufen pflanzlichen Detritus, und gerade diese Gäste zeigen eine merkwürdige Stufenfolge der Anpassung an ihre Wirte. Die einen sind weit häufiger ausserhalb der Ameisennester als in denselben, wo sie nur gelegentlich angetroffen werden, andere sind ziemlich gleichmässig verteilt, die dritten sind häufiger Gäste als freilebend, die vierten sind ausschliesslich Inquilinen, ernähren sich aber teils selbständig von allerlei Abfall ihrer Wirte und deren Haushaltung, teils sind sie ganz auf die Ernährung durch die Ameisen angewiesen. Wir wissen dies freilich nur von einer Art (Atemeles paradoxus), welche sich nach Lespés ganz so benimmt wie eine hungrige Ameise, die bei einer anderen um Futter bettelt. Der französische Forscher beobachtete, wie dieser Inquiline von Formica rufa, fusca u. a. sich seinen Pflegerinnen, in diesem Falle rufa, welche in der Gefangenschaft von angefeuchtetem Zucker frassen, näherte und eine von ihnen gewissermassen in der Ameisensprache anredete, indem er sie mit seinen Fühlern sanft auf den Kopf trommelte. Die also angeredete willfahrtet sofort dem Begehr des Käfers und fütterte ihn. Es ist sehr wahrscheinlich, dass Atemeles paradoxus eine den Ameisen nützliche oder wenigstens angenehme Eigenschaft, vielleicht einen ihnen zusagenden Geruch besitzt, welcher die Ursache einer so weitgehenden Intimität wurde. Den Wirten scheint offenbar etwas an der Gegenwart ihrer Gäste zu liegen, sonst wäre eine Mitteilung von F. Smith unverständlich. Dieser Beobachter sah mehrere Male, wie der genannte Käfer seiner Wirtin, der Formica fusca in diesem Falle, entfliehen wollte, von derselben aber wieder eingefangen und zurücktransportiert wurde und dasselbe sah er mit einem andern myrmekophilen Raubkäfer (Myrmedonia humeralis) geschehen. Das ist nur möglich, wenn die Ameisen irgend einen wesentlichen Vorteil von dem Atemeles und der Myrmedonia haben: das Motiv dieser Handlungen kann nur ein selbstsüchtiges sein.

Es sei hier erwähnt, dass die Raubkäfer überhaupt zum Inquilinismus neigen. Abgesehen davon, dass manche Arten in den Bauten von Säugetieren und in den Nestern von Vögeln am häufigsten, ja fast ausschliesslich gefunden werden, kommen bei Termiten nach einer Zusammenstellung von Kraatz (im Jahre 1856) 22 Arten vor, und zwar unter anderen das merkwürdige brasilianische Geschlecht Co-rotoca, welches keine Eier legt, sondern gleich Larven zur Welt bringt und nur bei solchen Formen, die ihre Nester auf Bäumen anlegen, angetroffen wird. In Deutschland ist ein seltener Raub-käfer (Quedius dilatatus) in den Nestern der Hornissen beob-achtet worden, in welchen er seine ganze Verwandlung durchläuft.

Den Raubkäfern an Gestalt ähnlich und ihnen verwandtschaftlich nahestehend ist die Familie der Pselaphiden, kleine unscheinbare Käferchen von einfachen bräunlichen Farben mit keulenartig ver-dickten sich fortwährend zitternd bewegenden Fühlern und mit nicht ganz so stark wie bei den Raubkäfern verkürzten Flügeldecken. Die Pselaphiden sind zum grössten Teil myrmekophile Käfer. Einige finden sich nicht allein bei Ameisen, sondern wohl auch unabhängig unter Steinen, an altem Holze u. s. w. Diese besitzen die Fähig-keit zu fliegen, was sie nach Sonnenuntergang auch gern thun, und haben Augen. Andere (Clavigerini) sind vollkommen an ein Dasein unter den Ameisen angepasst, sie haben zufolge eines Lebens unter der Erde, mindestens im Dunkeln, ihre Augen eingebüsst, vermögen nicht mehr zu fliegen und, da ihre Fresswerkzeuge bis zu einem gewissen Grade rückgebildet sind, müssen sie nach den Beobachtungen P. Müllers von ihren Wirten gefüttert werden. Der Vorteil, den sie gewähren, besteht wahrscheinlich in einem süssen Sekret, das an den gefalteten Hinterecken der Flügeldecken abgesondert wird. Hier befindet sich, gewissermassen zur Fixierung jener Absonderung, ein Büschel Haare, welches die Ameisen von Zeit zu Zeit unter Zeichen des Behagens ablecken.

Den Pselaphiden am nächsten verwandt ist die Familie der Paussiden. — wohl die seltsamsten Käfer, welche existieren. Sie be-wohnen die warmen Länder der alten Welt und Neuholland, sind am zahlreichsten in Südafrika und nur eine einzige Art findet sich in der südwestlichen Ecke von Europa, in Südspanien. Die meisten sind von brauner Farbe, haben breite ein Parallelogramm bildende Flügeldecken, ihre Beine sind kräftig, bisweilen mit stark verbreiterten Schienen. Das Merkwürdigste aber in der Organisation dieser Tiere, deren Grösse 3 bis 4 Linien beträgt (nur der südspanische Paus-sus Favieri erscheint in der Grösse degeneriert, er misst blos

1½ Linie), sind die Fühler, welche bei allen Arten verschieden, immer aber auffallend gestaltet sind. Die ursprüngliche Zahl der Glieder, welche die Fühler zusammensetzen, scheint elf zu sein, aber am freien Ende verschmelzen sie in verschiedenem Umfange, sodass ihre Gesamtzahl scheinbar selbst blos bis auf 2 herabsinkt. Die verschmolzenen Glieder, bisweilen auch einzelne, erscheinen verbreitert, oft auch aufgetrieben und stellen Kolben, löffelartige Bildungen oder hohle Blasen dar und A f z e l i u s vermutete, dass sie in diesem letzteren Falle Leuchtorgane seien, was sich indessen nicht bestätigt hat. Diese wunderbaren Fühler sind fortwährend in einer zitternden Bewegung. Die träge laufenden Käferchen finden sich am Tage versteckt am Boden unter Steinen, ganz besonders aber bei Ameisen. Abends fliegen sie lebhaft umher, namentlich in Südafrika während des dortigen Frühlings vom Oktober bis Dezember an gewitterschwülen Abenden in den Stunden zwischen 9 und 11 Uhr. Sie spritzen, wenn man sie anfasst, mit hörbarem Geräusch drei bis viermal hintereinander einen ätzenden Saft aus dem After, welcher ammoniakalisch oder jodartig riecht und die Finger rötet. Am genauesten hat ein deutscher Forscher, Q u e i n t z i u s, diese wunderbaren Geschöpfe bei Port Natal beobachtet. Alle 14 Arten, welche ihm dort vorkamen, hospitiren bei Ameisen, sowohl bei den Arten, welche in der Erde, als bei solchen, welche unter Steinen oder in Bäumen wohnen. Gelegentlich sah er, wie eine Ameise einen P a u s s u s bei einem Fühler gepackt hatte und ihn gewissermassen spazieren führte. Als ein Kaffer, der sein Sammelgehilfe war, dieses merkwürdige Schauspiel zum erstenmale erblickte, rief er aus: „Bei Gott! die Ameisen haben Häuptlinge und führen sie spazieren!"

Diese Ansicht von Q u e i n t z i u s und seinem Kaffer ist indessen wahrscheinlich irrig, die Sache scheint vielmehr ähnlich wie in dem vorher erwähnten Falle zwischen A t e m e l e s p a r a d o x u s und F o r m i c a r u f a zu liegen. P l a n t wird wohl richtig Beobachtetes mitteilen, wenn er sagt, die Paussiden suchten die Ameisennester nicht, sie würden vielmehr gewaltsam und unter Gegenwehr von ihrer Seite in den Bau geschleppt und dann eifrig bewacht, damit sie nicht entwischten.

Was aber ist es, das die Ameisen so erpicht auf den Besitz dieser originellen Käfer macht? Man hat wohl vermutet, dass sich aus der Flüssigkeit, welche aus deren After gespritzt wird, auf dem Hinterleib und den Flügeldecken eine süsse Masse niederschlüge,

die von den Ameisen abgeleckt würde. Das ist aber von vorn
herein wenig wahrscheinlich, und L. Peringuey hat in der That
beobachtet, dass die Paussiden den Ameisen gegenüber niemals von
ihrer seltsamen Waffe Gebrauch machen. Derselbe Forscher meint,
es existiere zwischen den Käfern und den Ameisen keine Symbiose,
die ersteren fänden sich zwar mit Vorliebe an der Stelle, wo die
Larven und Eier der letzteren aufbewahrt würden, vergriffen sich
aber nicht an denselben, jene Stelle sei vielmehr die geschützteste.
Ich muss gestehen, ich kann nicht glauben, dass hier keine Symbiose
stattfände. Die Käfer finden bei den Ameisen Schutz und leisten
ihnen irgend einen Dienst, den wir noch nicht kennen, und ich
kann mir nicht helfen, ich muss immer glauben, dass derselbe irgendwie mit den Fühlern in Verbindung steht, welche gewiss nicht für
nichts und wieder nichts so eigenartig entwickelt sind.

Was den Vorteil überhaupt betrifft, welchen die Ameisen von
der Gegenwart der bis jetzt von uns betrachteten Gliedertiere in
ihren Nestern ziehen, so dürfte derselbe ein verschiedener sein, wohl
niemals aber dürfte es sich um ein „Gefühl der Verehrung seitens
der Ameisen für die Käfer" handeln. (Lubbock). Einmal reinigen die Gäste die Stadt von allerlei Unrat, sich bildenden kleinen
Pilzen u. dergl. mehr, wobei ihnen gewiss die myrmekophilen Springschwänze, Holzläuse und Asseln helfen, dann werden sie aber auch
gewissen Milbenarten, welche sich in den Nestern, bisweilen selbst
auf den Körpern der Ameisen einfinden, nachstellen. Sie können
„Gassenkehrer", wie Sir John Lubbock sagt, sein, sie können
aber auch, möchte ich hinzufügen, die Rolle von „Kammerjägern"
spielen. Drittens aber können sie ihren Wirten mit irgend einem
Produkte ihres Leibes dienen, und das sind gerade diejenigen, welche
am meisten auf die Ameisen angewiesen sind und ohne dieselben
nicht existieren können, die „Haustiere" geworden sind, welche ohne
Pflege und Abwartung seitens ihrer Herren elend zugrunde gehen
müssen.

Die Ameisen sind als Viehhalter und Viehzüchter schon lange
bekannt, und wenn auch der Vers des Theokrit:

τέττιξ μὲν τέττιγι φίλος καὶ τέττιγι μέρμηξ
(die Cicade ist der Ameise Freundin, und die Ameise die der Cicade)

sicher nicht auf ein derartiges Verhältnis abzielt, so war doch schon
Linné vollkommen über die Sache unterrichtet, dass die Ameisen

die Blattläuse als ihre Milchkühe betrachten, deretwegen sie auf die Bäume kletterten, nicht um sie zu töten, sondern um sie zu melken. Die Blattläuse sind nach einer Bemerkung von F o r e l in den Augen der Ameisen privilegirte Geschöpfe: die Bewohnerinnen eines Zweiges können nach und nach in den Besitz von 5 oder 6 Ameisenstaaten übergehen, immer werden sie als Freunde behandelt und sie werden ihrerseits auch gegen die ersten wie gegen die letzten Besitzer gleich gefällig sein.

Was die Blattläuse den Ameisen so lieb und wert macht, ist bekannt genug. Die Ameisen sind Leckermäuler und lieben besonders Süssigkeiten. Diese nun liefern ihnen die Blattläuse in Gestalt von Tröpfchen einer klaren, klebrigen, sehr zuckerigen Flüssigkeit, welche aus dem After tritt und nichts als ihr Kot ist. Man hat früher wohl geglaubt und glaubt es stellenweise noch, diese Flüssigkeit träte aus den beiden nach oben und auswärts stehenden geraden hornartigen Fortsätzen des drittletzten Hinterleibsringes, die man deshalb als Saft- oder Honigröhren bezeichnet hat. Man kann sich unschwer mittelst einer Lupe von der Grundlosigkeit dieser Ansicht überzeugen.

Die Blattläuse bewohnen in zahlreichen Arten und Individuen sehr viele unserer Gewächse (aber niemals Cryptogamen) und mittelst eines Stech- oder Saugapparates entziehen sie diesen die Säfte, von welchen sie sich ernähren. Ein Teil derselben wird assimiliert, aber ein andrer Teil geht als unverwertbar durch den After ab, erleidet aber bei seinem Durchgang durch das Verdauungsrohr eine eigenartige chemische Umänderung, denn an und für sich ist der Saft der angestochenen Pflanzen meistens nichts weniger als süss.

Diese süssen Exkremente nun sind es, auf welche die Ameisen so versessen sind, dass sie ihretwegen Kriege miteinander beginnen, wie beinahe einer vor 25 Jahren zwischen Spanien und der Republik Peru der Guano- oder Chincha-Inseln halber entbrannt wäre. Um sich in den Besitz des köstlichen Gutes zu setzen, melken die Ameisen die Blattläuse thatsächlich: sie nähern sich ihnen und gehen mit grosser Vorsicht und Zartheit zwischen ihnen herum, — der grösste C a m - p o n o t u s, ein Bursche von 14 mm Länge, versteht auf das liebenswürdigste und behutsamste mit einer siebenmal kleineren Blattlaus umzugehen. Er nähert sich ihr von hinten, tätschelt die Flanken ihres Hinterleibs bald rechts, bald links mit seinen Fühlern und zufolge des Reizes dieser Berührung lässt die Blattlaus ein Tröpfchen

Zuckersaft austreten, welchen die Ameise begierig schlürft. Ist die Kuh ausgemolken, so begiebt sich die Melkerin zur nächsten und so fort, bis ihr Appetit gestillt ist. Manche Arten, wie Lasius flavus und brunneus sollen sich nach Forel ausschliesslich von diesem Honigsafte ernähren. Wenn dies wahr ist, so muss der Blattlauskot eine andere Zusammensetzung als Zucker oder gewöhnlicher Honig besitzen, von denen allein kein Tier wirklich zu leben vermag, da sie kein Eiweiss enthalten. Wo Ameisen fehlen, behalten die Blattläuse die Exkremente lange bei sich, spritzen sie gelegentlich von sich und dann sieht man die Blätter, besonders der Alleebäume der Städte, des Ahorns z. B., selbst das unter diesen befindliche Pflaster mit einer kleberigen Masse wie überfirnisst. Das ist der Honigthau, der Kot der Blattläuse. Wo aber Ameisen vorhanden sind, folgen sich die Ausleerungen schnell aufeinander und so kann man sagen, die Ameisen befördern die Verdauung der Blattläuse und wirken appetitanregend auf sie. Man könnte nun behaupten, dadurch würden die Ameisen den Pflanzen indirekt schädlich, denn sie veranlassten die Blattläuse dazu, die Gewächse mehr zu schröpfen als sie sonst thun würden, was denselben unmöglich von Nutzen sein könnte. Es frägt sich aber sehr, ob man mit einer solchen Ansicht nicht über das Ziel hinausschösse. Denn, wo die Ameisen die Blattläuse nicht besuchen, da tritt, wie wir sahen, der Honigthau und in seinem Gefolge die eine Art des Mehlthaus, die animalische (es giebt auch noch eine durch Pilze verursachte, viel gefährlichere pflanzliche) auf. Diese beiden Arten von „Thau" sind aber den Pflanzen vielleicht nachteiliger als der Verlust an Säften, welchen sie durch die Blattläuse erleiden, da ihnen zufolge die Blätter aufhören in geeigneter Weise zu funktionieren.

Die Ameisen sind auf die Wohlfahrt ihres Melkviehes ausserordentlich bedacht, sie tragen sie fort, wenn ihnen die Verhältnisse für dieselben ungünstig scheinen, ja einige (Myrmica) bauen denen, welche an niederen Pflanzen dicht an der Erde hausen, Ställe, indem sie Erdhäuschen, Pavillons, wie Huber sagt, mit nur einem einzigen Zugang um sie herumbauen. Es giebt auch Blattlausformen, welche an den Wurzeln der Gewächse leben, auch diese wissen die Ameisen zu finden und manche Arten, die keine grossen Freundinnen vom Herumschweifen sind, sondern ihre ganze Wirtschaft gern beisammen haben, transportieren dieselben in ihr Nest, wo ja auch derartige Wurzelchen zu finden sind.

Das Alles sind gewiss Erscheinungen, welche wir mit vollem Rechte als „Viehzucht" bezeichnen können. Es giebt aber noch einen, von Sir John Lubbock entdeckten Umstand, der eine solche Bezeichnung noch mehr rechtfertigt. Die Blattläuse pflanzen sich in der warmen Jahreszeit als sog. Ammen durch Jungfernzeugung fort, d. h. sie erhalten, ohne begattet zu sein, Nachkommenschaft und zwar in Gestalt lebendiger Junge, welche wieder Ammen sind und so geht die Sache den ganzen Sommer hindurch fort. Kommen sie aber in missliche Verhältnisse, wird im Herbst das Wetter rauh, nimmt die Säftezufuhr ihrer Nährpflanze ab, dann produzieren sie keine jungen Ammen, sondern Männchen und Weibchen, um dann zu sterben. Die geschlechtlichen Formen begatten sich, die Weibchen legen Eier, welche mit einer harten Schale versehen, als Dauereier überwintern und im nächsten Frühjahr wieder eine erste Generation von Ammen liefern.

Dergleichen Dauer- oder Wintereier hatte schon der alte Gould (1747), welcher sie für die Eier der geschlechtlichen Ameise hielt, und Kirby im Anfang des Frühlings in den Ameisennestern beobachtet, aber erst Sir John Lubbock brachte Klarheit in die Sache. Dass sich von solchen Blattläusen, welche an Wurzeln in den Ameisennestern leben, hier Eier finden werden, ist nicht erstaunlich, umgekehrt wäre die Sache viel wunderbarer. Aber die Eier, um welche es sich hier handelt, gehören solchen Arten an, die nicht an Wurzeln im Ameisenneste, sondern ausserhalb desselben auf freien Pflanzenteilen wohnen. Huber hatte schon beobachtet, dass die Ameisen im Herbst solche Wintereier eintrugen, die Sache wurde aber nicht weiter verfolgt und sie war in Vergessenheit geraten. Lubbock traf Blattlauseier zuerst im Februar in einem Neste von Lasius flavus an und sah mit Erstaunen, wie die Ameisen sich um diese dunkeln Körner sehr besorgt zeigten und sie schleunigst, beunruhigt durch die Störung in die Tiefe des Baues brachten. Er nahm im folgenden Jahre einige von diesen Eiern mit sich und legte sie seinen in Gefangenschaft gehaltenen Ameisen hin, welche sie sofort in das Nest trugen. Im März erschienen die jungen Blattläuse, welche nicht, wie Lubbock natürlich genug erwartet hatte, zu den Arten gehörten, die sonst im Bau bei Lasius flavus auf Wurzelchen leben. Sie verliessen sofort das Nest, ja wurden bisweilen von den Ameisen selbst herausgebracht. „Vergebens versuchte ich sie", erzählt Lubbock weiter, „mit Graswurzeln u. dergl. aufzuziehen: sie wanderten unstät umher und starben schliesslich. Allerdings hatten sie keinerlei Ähnlichkeiten mit den unterirdischen Arten. 1878 machte ich wieder einen Versuch, diese jungen Aphiden aufzuziehen; obwohl eine grosse Menge aus den Eiern auskam, gelang es mir indessen nicht. 1879 aber war ich glücklicher. Dicht bei einem meiner Nester von Lasius flavus, in das ich einige der besagten Eier gebracht hatte, stand ein Glas mit lebenden Exemplaren mehrerer Pflanzenarten, die man häufig auf oder bei Ameisennestern findet. Dahin trugen die Ameisen einige von den Blattläusen. Kurz darauf bemerkte ich auf einer Gänseblümchenpflanze, in den Achseln der Blätter einige kleine Aphiden, die denen aus meinem Neste sehr ähnlich waren, wenn ich sie auch nicht im Zusammenhange damit verfolgt hatte. So blieben sie den Sommer über; am 9. October aber sah ich, dass die Blattläuse einige Eier gelegt hatten, die genau so aussahen, wie die in den Ameisennestern gefundenen."

Wenn diese Beobachtung auch nicht ganz geschlossen ist, so konstatirt sie doch, dass die Ameisen die Blattlauseier absichtlich einsammeln und von denselben als Eigentum Besitz ergreifen und dass sie zweitens die ausgeschlüpften Jungen aus dem Neste heraus auf die für ihre Ernährung geeigneten Pflanzen bringen, und dieser Nachweis ist die Hauptsache. Das ist ganz gewiss eine höchst merkwürdige Erscheinung, welche vielleicht mehr als Alles andere beweist, eine wie hohe Stufe der Intelligenz die Ameisen erlangt haben. Wir müssen ihnen eine bedeutende Beobachtungsgabe zuerkennen und gestehen, dass sie die Lebensart ihrer Haustiere bis zu einem gewissen Grad studieren. Wir müssen annehmen, dass sie die Wintereier und ihre Bedeutung von den Blattläusen her kennen, welche auf Wurzelfaserchen in ihren Nestern hausen und dass sie dieselben, obwohl sie zunächst nicht von Nutzen sind, einsammeln zufolge der Erfahrung, dass aus ihnen junge Blattläuse hervorgehen. Ich glaube, die Ameisen tragen die Wintereier weniger ein, um sie, wie Lubbock meint, vor der Strenge der Witterung und zahllosen Gefahren zu schützen, sondern um sich in den sichern Besitz einer Herde für den kommenden Sommer zu setzen. Diese Fähigkeit bewusst mit der Zukunft zu rechnen, wird durch eine Reihe andrer Erscheinungen, deren wir im nächsten Vortrage gedenken werden, bestätigt und ist nur bei solchen Tieren möglich, welche längere Zeit leben, Erfahrungen sammeln und Traditionen haben.

Nicht alle Ameisenarten benutzen indessen sämtliche Blattlausformen, manche sind sehr wählerisch: so zieht nach Forel Lasius
umbratus blos Wurzelblattläuse, brunneus ausschliesslich Rinden-
aphiden, niger nach Ratzeburg Aphis Vitellinae und Lach-
nus quercus. Gewisse Arten, wie die auf Rosen gemeine, unter
dem Namen „Neffe" bekannte Aphis rosae, werden von den
Ameisen verschmäht.

Wenn wir nach dem Nutzen forschen, welcher den Blattläusen
aus diesem Verhältnisse mit den Ameisen erwächst, so werden wir
finden, dass er in dem Schutze liegt, den die wehrhaften und kampf-
bereiten Hymenopteren ihrem Milchvieh angedeihen lassen. Ich fand
einmal hier bei Leipzig im sog. Bienitz, einem Walde nordöstlich
von der Stadt, die Spitzen der Zweige einiger Eichsträuche mit
unserer grössten Blattlaus, der schwarzbraunen, ziemlich seltenen
Aphis roburis dicht besetzt und zwischen ihnen in grösster Ge-
schäftigkeit zahlreiche Arbeiterinnen von Formica gagates. Als
ich mich der Gesellschaft mit der Lupe näherte, um sie genauer
beobachten zu können, kam die Sache den Ameisen bedenklich vor,
sie klammerten sich mit nach hinten geschlagenen Beinen an die
Zweige derart an, dass ihre Rücken auf diese zu liegen kamen,
streckten mir die Hinterleiber entgegen und gaben Giftsalven gegen
mich ab. Wären meine Absichten den Blattläusen feindlich gewesen, würden mich diese Demonstrationen natürlich nicht behindert
haben, aber die Blattläuse zählen unter den Insekten sehr zahlreiche
Feinde, für die eine Ameise schon ein bedenklicher Gegner ist.
Larven von Käfern (Coccinella), Fliegen (Syrphus) und Neurop-
teren (Hemerobius) sind wahre Blattlauslöwen, winzige Schlupfwespen (Aphidius) besetzen die unglücklichen Aphiden mit Eiern
und es ist sehr charakteristisch, dass die Larve dieser Insekten
in keiner Blattlausart häufiger, als in den des Ameisenschutzes
entbehrenden Rosenneffen ist. Damit ist aber das Register der
Aphidenfeinde noch nicht geschlossen: besonders erpicht sind einige
kleine Raubwespen (Sphegidae) auf diese süsse Beute, welche sie
wegschleppen, um ihre Larven damit zu füttern. Dahlbom, ein
berühmter schwedischer Entomologe, sah einmal eine kleine schwarze
Sphex, welche mit einer Blattlaus zwischen den Kiefern davonlief.
Eine Ameise kam dazu und versuchte sofort die Freundin zu befreien, es dauerte nicht lang, so trafen mehrere Kameradinnen ein
und sie jagten dem schwarzen Räuber seine Beute wirklich wieder ab.

Ausser den Aphiden liefert die Klasse der Schnabelkerfe oder Hemipteren den Ameisen auch noch aus der Familie der Schildläuse oder Cocciden und der Cicaden Milchkühe. Bei unsern Ameisen stehen diese Vieharten weniger in Ansehen als die Blattläuse, aber in den tropischen und subtropischen Gegenden, wo diese völlig zu fehlen scheinen, liefern sie willkommenen Ersatz. A. Schimper, ein ausgezeichneter Forscher, mit welchem wir uns später noch viel zu beschäftigen haben werden, fand, wie der berühmte Biologe Fritz Müller in den von der Imbaubaameise bewohnten Kammern der Cecropia stets eine Anzahl weisser Schildläuse, welche niemals bei wildwachsenden Exemplaren dieses Baumes ausserhalb jener Kammern anzutreffen waren, während sie an den Exemplaren unserer Gewächshäuser Blätter und Knospen bedecken. — Beweis genug, dass es die Ameisen sind, welche die Cocciden von dem eigentlichen Aufenthaltsorte weg und in ihre Wohnungen transportieren. Ganz klar ist mir nur noch nicht, wie die betreffenden Schildläuse, welche doch auf die Blätter der Cecropia angewiesen sind, sich in diesem Falle ernähren. In Brasilien giebt es nach Lund (Isis 1835 pg. 279) keine Blattläuse, sie werden hier durch kleine Cicaden aus den Gattungen Cercopis und Membracis vertreten, die truppweise an Stielen und jungen Blättern sitzen. Formica attelaboides hätschelt eine dieser Cicaden, auf welche sie betreffs der Ernährung völlig angewiesen zu sein scheint, mit den Fühlern, darauf erhebt jene den After und lässt einen Tropfen fallen, den die Ameise begierig schlürft. Der schwedische Forscher beobachtete weiter, und das ist sehr interessant, dass Formica attelaboides die jungen, noch im Larvenzustande befindlichen Cicaden begleitet, wenn sich dieselben, um sich ungestört häuten zu können, abseits von ihren Genossen begeben und dass sie ihnen beim Prozess des Häutens selbst behülflich ist. Unser Gewährsmann teilt weiter eine nicht weniger interessante Thatsache mit, dass sich nämlich in Rio de Janeiro Blattläuse, welche im Innern von Brasilien niemals angetroffen werden, finden, und obgleich sie wahrscheinlich mit europäischen Pflanzen eingeführt worden sind, doch von einheimischen Ameisen besucht werden. Auch in Italien wird nach Delpino der Larve einer Cicade (Tettigometra virescens) von einer Ameise (Camponotus pubescens) des Zuckersaftes halber nachgegangen. Vielleicht ist das die in dem früher zitierten Verse Theocrits erwähnte Cicade, welche die Freundin der Ameise sein soll.

Bevor ich der Erörterung der Entstehungsursachen der süssen Absonderungen bei den Blattläusen und Cicaden näher trete, will ich noch erwähnen, dass die Raupen eines in Nordamerika vorkommenden Tagschmetterlings, eines Bläulings (Lycaena pseudargiolus) gleichfalls einer süssen Ausschwitzung wegen von Ameisen besucht wird und dass in Ostindien sogar ein Falter unter diesen geselligen Hymenopteren lebt. Die letztere Thatsache ist noch nicht völlig eruiert und ich gebe im Folgenden das Wenige, was mir über dieselbe bekannt geworden ist.

Als Stainton einmal den berühmten Schmetterlingskenner Dr. Herrich-Schäffer in Regensburg besuchte, teilte ihm dieser mit, er habe aus Ostindien einen noch unbeschriebenen Schmetterling erhalten, der myrmekophil sei und er wäre äusserst überrascht gewesen, als er in diesem Ameisengast eine Lycaenide, einen Bläuling erkannt habe. Er sei überzeugt, dass dieser Falter von seinen Flügeln keinen Gebrauch mache und blos in der unmittelbaren Nachbarschaft von Ameisennestern herumlaufe, zumal er Beine von einer ganz eigentümlichen Bauart, gewissermassen Stelzfüsse habe. Westwood, vielleicht der grösste Entomologe, der jemals gelebt hat, zweifelt kaum, dass dieser Schmetterling zum Geschlecht Symetha gehört, und identisch mit einer von Horsfield abgebildeten und in Java vorkommenden Lycaenide ist, welche sich durch sonderbar gebaute und verdickte Tarsen auszeichnet. (Transact. entom. soc. London, II. Ser. V. vol. proceed. pg. 68).

Es ist nicht ohne Interesse, aber vielleicht rein zufällig, dass die beiden einzigen Fälle von Myrmekophilie, welche wir von Schmetterlingen kennen, bei Bläulingen und an so weit auseinandergelegenen Teilen der Erde wie Nordamerika und Java vorkommen und dass der eine eine Raupe, der andere aber eine Imago betrifft.

Schreiten wir nun zum Versuche uns darüber klar zu werden, wie das freundschaftliche Verhältnis zwischen Ameisen und Blattläusen u. s. w. zustande gekommen ist. Die Ursache davon ist, darüber kann kein Zweifel herrschen und es wurde von uns bereits betont, die Süsse des Kothes dieser Tiere. Es liegt nun nahe zu vermuten, dass dieser von den Blattläusen in Anpassung an die Ameisen wie der Honig von den Blumen in Anpassung an die besuchenden Insekten erworben worden sei. Möglich, — aber nicht notwendig! Ich habe sogar einige Bedenken, ob dies thatsächlich der Fall ist.

Ameisen sammeln und fressen besonders weichere Insekten, wo sie dieselben erlangen können, davon kann man sich, wenn man einen grösseren Ameisenhaufen längere Zeit beobachtet, leicht überzeugen. Setzen wir nun den Fall, die Blattläuse wären noch nicht in der Lage gewesen, süsse Exkremente zu produzieren, so werden sie unfehlbar von den Ameisen getötet worden sein und es konnte sich, meiner Meinung nach, kein derartiges Verhältnis zwischen den Aphiden und ihren Freundinnen herausbilden, wie es gegenwärtig existiert. Es scheint mir die Fähigkeit des Abscheidens süssen Kothes schon vorhanden gewesen zu sein, durch diese wurden die Ameisen angelockt und sie kann sich dann allerdings gesteigert haben. Man gestatte einen Vergleich. Der Urmensch würde niemals auf den Gedanken verfallen sein, sich aus den wilden Vertretern des Hundgeschlechts seine Jagdgenossen zu erwählen, wenn denselben nicht von vorn herein selbst die Lust und Fähigkeit zu jagen innegewohnt hätte, so wenig wie er die Stammeltern des Pferdes als Transportmittel benutzt und nach und nach domestiziert haben würde, wären dieselben hierzu nicht von Anfang an geeignet gewesen. Und was den süssen Geschmack der Exkremente der Blattläuse angeht, so kann derselbe recht wohl ganz andere, mit dem Stoffwechsel und den chemischen Prozessen, welche sich bei der Verdauung im Innern dieser Tiere abspielen, in Zusammenhang stehende Ursachen haben. Unser Blut und unsere Thränen sind salzig, aber dass sie dies sind, ist nur ein beikommender Umstand, welcher auf die Beschaffenheit der ihnen beigemischten festen Körper zurückzuführen ist, an und für sich ist der Geschmack dieser Flüssigkeiten von keiner Bedeutung.

Weit wunderbarer indessen und teilweise wirklich rätselhaft sind die Beziehungen, welche zwischen den Ameisen und einigen Gallen bildenden Insekten zustande gekommen sind. Viele Insekten bilden, sei es als Larven, sei es im ausgebildeten Zustande Gallen. Für uns kommen hier jedoch blos die der Gallwespen (Cynipidae) in Betracht.

Die Gallen sind äusserst merkwürdige Objekte, zu deren Bildung sich die Tier- und Pflanzenwelt in einer in der ganzen Natur einzig dastehenden Art und Weise vereinigen.

Früher nahm man allgemein an, die Ursache der Gallen der Gallwespen liege in dem Eindringen eines Sekrets, welches bei der Eiablage aus dem Körper der Mutterwespe in das Cambium der

Pflanze abflösse und auf dessen Zellteilung in der Art einwirke, dass jene merkwürdigen Gebilde zustande kämen. Das ist nicht der Fall. Eine unserer häufigsten Eichen-Gallwespen (Spathegaster baccarum) legt ihre Eier in Blätter, an denen man den Stichkanal deutlich wahrnimmt, aber erst 14 Tage später, nachdem die Larve ausgeschlüpft ist, beginnt die Bildung der Galle. Bei einer andern Art (Trigonaspis crustalis) erfolgt die Eiablage im Mai, das angestochene Blatt zeigt keine Veränderung bis im September, zu welcher Zeit nach dem Auskriechen der Larve die Gallbildung ihren Anfang nimmt.

Eine andere Hypothese glaubte in einem von der Larve durch das Nagen ausgeübten mechanischen Reize die Ursache der Entstehung und Entwicklung der Gallen sehen zu dürfen. Dem hielt schon Hoffmeister entgegen, dass Gewebspartien der betreffenden Pflanzen affiziert würden, welche mehrere Millimeter weit von der Larve entfernt wären, also einem mechanischen Reize nicht unterworfen sein könnten. Diese Thatsache bestimmte den berühmten Botaniker zu der Annahme, dass besondere Ausscheidungen der Larven von flüssiger Beschaffenheit die Gewebe der betreffenden Pflanzenstellen durchdrängen und dadurch auf die Bildung der Gallen wesentlich einwirkten, eine Ansicht, welcher sich die beiden ausgezeichneten Gallenforscher Adler und Beyerinck angeschlossen haben. Der letztere Forscher betont noch, dass für das Zustandekommen einer vollentwickelten Galle die längere Gegenwart der Larve notwendig sei, stürbe das Tier vorzeitig, so stünde auch die Entwicklung der Galle still.

Dass das Gewebe der Pflanzen gegen das Vorhandensein der Larve und gegen den Einfluss einer etwaigen Sekretion derselben reagiert, ist wenig befremdlich, viel merkwürdiger ist es, dass diese Reaktion den Larven der verschiedenen Wespenarten gegenüber zur Bildung ganz verschiedener Gallen, gegenüber denen derselben Spezies aber immer auch zur Bildung gleichbeschaffener führt. Ein und dasselbe Eichenblatt kann mit dreierlei Gallen besetzt sein, die ausserordentlich von einander abweichen, andrerseits aber können die Blätter zweier verschiedener Eichenarten die nämliche Gallenform hervorbringen, wenn sie von der nämlichen Wespenspezies angestochen wurden.

Das Seltsamste ist aber nun, dass diese Gallen, krankhafte Bildungen doch der Pflanzen, sich in einer solchen Art und Weise entwickeln, dass den innewohnenden Larven Schutz daraus erwächst. Dieser Schutz kann gegen verschiedene äussere Eingriffe erforderlich sein und beansprucht demzufolge auch verschiedene Vorrichtungen. So sehen wir hier die erstaunliche Thatsache, dass Pflanzen etwas hervorbringen, das ihnen zwar nicht exorbitant schädlich, jedenfalls aber noch weniger zuträglich, unter allen Umständen jedoch mindestens nutzlos ist, wohl aber dem Veranlasser der Erscheinung grossen Vorteil bringt. Es passt sich als ein Geschöpf im Interesse eines andern an, welches sein Feind ist, anstatt sich selbst dahin anzupassen, dass es sich diesen Feind vom Leibe halten kann!

Jene Schutzvorrichtungen halten einmal nachteilige Einflüsse des Klimas und der Witterung, dann aber namentlich solche parasitärer Wespen ab. Was das Erstere betrifft, so hat Beyerinck nachgewiesen, dass viele Gallen fortleben, um es so zu nennen, wenn sie nach dem herbstlichen Abfallen auf dem Boden überwintern. Während dieser Zeit wird die Stärke, welche beim Abfallen in der Rinde der Gallen reichlich vorhanden war, nach und nach aufgebraucht, wobei die Gallen bedeutend an Grösse zunehmen und sich auch derartig verfärben, dass sie dem Boden, auf welchem sie liegen, gleichen und schwerer zu finden sind.

Der Schutz gegen Tiere richtet sich namentlich gegen Vögel und Insekten. Die ersteren picken die Gallen auf und fressen die in ihnen enthaltenen Larven, doch wird ihnen dieses Geschäft durch die ungeheure Bitterkeit mancher Gallen unangenehm gemacht, ja, geradezu verleidet. Gegen die Insekten, namentlich gegen parasitäre Wespen, werden die Cynipidenlarven auf verschiedene Weise geschützt. Die Schale der bewohnten Galle kann zu hart oder, wenn schwammigweich, zu dick sein, als dass der Legestachel des Schmarotzers durch sie hindurch dringen könnte, oder ihre Oberseite ist in verschiedenem Umfange mit oft klebrigen Borsten oder Haaren bedeckt (der sogenannten Siebenschläfer oder Bedeguar, die Galle der Rosengallwespe — Rhodites rosae — ist ein schönes Beispiel hiervon), sodass den Parasiten das Herankommen an die Larven schwierig oder unmöglich gemacht wird.

Einige Gallen bieten nun ihren Erzeugern und Einwohnern indirekten Schutz, indem sie auf ihrer Oberfläche Feuchtigkeiten von süssem Geschmack entwickeln, durch welche Ameisen, ausgezeichnete Verteidigerinnen gegen unberufene Gäste, wie wir sahen, herbeigelockt werden.

Die mexikanische Honigameise bezieht ihren Honig von den gruppenweise an den Zweigen der Eichsträuche zusammenstehenden Gallen von Cynips quercus-mellariae, welche indessen nur Saft absondern solange sie grün und weich und von der Larve bewohnt sind; flog die Wespe aus und wird die Galle hart und holzig, dann hört auch ihre Fähigkeit eine süsse Substanz abzuscheiden auf. Bei uns zu Lande erzeugt Andricus testaceiceps, — die geschlechtliche Sommergeneration der ungeschlechtlichen Wintergeneration Aphilotrix Sieboldii — an den Blättern und Trieben der Eichen kleine, dicht bei einander stehende Gallen von roter Farbe und von Zitzenform, welche der Nachstellung verschiedener Schmarotzerwespen (Synergus, Torymus) noch mehr ausgesetzt sein würden, wenn sie nicht eine angenehm schmeckende Masse auf ihrer Oberfläche secernierten, durch welche die Ameisen angezogen werden. Diese verscheuchen alle anderen Insekten, also auch die parasitären Wespen, ja, ähnlich wie bei den Blattläusen, bauen sie aus Erde und Sand ein völliges Gehäuse um die Gallen.

Die Eigentümlichkeit mancher Gallen derartig Lockmittel hervorzubringen erinnert lebhaft an eine andere Erscheinung, deren Betrachtung einen Teil unseres nächsten Vortrags ausmachen wird. Manche Pflanzen besitzen nämlich ausser den in den Blüten befindlichen Honigdrüsen oder Nektarien, welche bestimmte fliegende Insekten anziehen und dadurch die Befruchtung vermitteln helfen, auch noch solche an andern Stellen. Freilich ein Unterschied ist dabei: die letzteren haben sich im Interesse der Pflanze, welche durch die angelockten Ameisen geschützt wird, entwickelt, die Honigabsonderung der Galle aber im Interesse eines Parasiten der Pflanze.

Durch gleiche Mittel kann Natur sehr Verschiedenes und durch sehr Verschiedenes Gleiches erzielen!

IV. Die Ameisen in ihren Beziehungen zur Pflanzenwelt.

Plantas itaque norunt formicae.
Mich. Gehlerus.
(Demnach verstanden sich die Ameisen
auf die Pflanzen.)

Alle Tiere sind mittelbar oder unmittelbar abhängig von den Pflanzen, welche die Erde bedecken oder die Gewässer bewohnen. Die Ameisen, welche sich wie wenig andere Tiere, meistens sowohl von vegetabilischer wie animalischer Kost ernähren, treten zu den Pflanzen in teils freundschaftliche, teils feindliche Verhältnisse, indem sie einerseits als Fleischfresser den Pflanzenfeinden nachstellen, andrerseits aber als Vegetabilienfresser den Pflanzen selbst direkt schädlich werden. Das letztere geschieht allerdings in der Regel in nur beschränktem Umfange. Doch sind die Beziehungen gerade der Ameisen zu den Gewächsen noch mannigfacher nuanciert, als das sonst in der Natur zwischen Tieren und Pflanzen der Fall zu sein pflegt, aber erst in neuerer und neuester Zeit hat man diese Erscheinungen gemäss der ihnen zukommenden Bedeutung gewürdigt und Forscher wie Beccari, Francis Darwin, Delpino, E. Huth, A. Kerner, A. N. Lindström, Fritz Müller, A. F. W. Schimper und K. Schumann haben sich um die Erkenntnis derselben die grössten Verdienste erworben.

Dem Nutzen, welchen die Ameisen bei uns der Vegetation durch Vertilgung zahlreicher Feinde angedeihen lassen, steht der, allerdings nicht entsprechend grosse, Nachteil gegenüber, welcher den Pflanzen aus dem Schutze gewisser Schädlinge durch die Ameisen, wie wir in dem Falle der Blatt- und Schildläuse ersahen, erwächst.

Diese indirekt nachteilig wirkenden Umstände, dürften im Ganzen wohl nicht allzu schwer ins Gewicht fallen, ja, Otto Kunze ist sogar geneigt in den Blattlausherden eher einen Vorteil für die von ihnen bewohnten Gewächse zu sehen, welche durch deren Gegenwart der vorteilhaften Anwesenheit der Ameisen teilhaftig würden. Jedenfalls haben die Pflanzen gegen Blattläuse keine Schutzvorrichtungen erworben, wohl aber, um die Ameisen von den Blumen und deren Honig abzuhalten. Solcher Gestalt geschützte Gewächse heissen myrmekophobe. Ihnen diametral gegenüber steht eine nicht unbeträchtliche Zahl von Pflanzen, welche als myrmekophile andere Eigenschaften erworben haben, um die Ameisen anzulocken und dauernd an sich zu fesseln. Wir wollen mit diesen letzteren unsere gegenwärtige Betrachtung beginnen.

Was die Ameisen an die Blattläuse attachirt und sie zum Schutze einiger Galläpfel thätig auftreten lässt, ist, wie hervorgehoben und genügend erörtert wurde, die Gegenwart süsser Substanzen, welche ihnen beiderlei Arten von Schützlingen gewähren. Ganz analoge Erscheinungen mit dem nämlichen Erfolge bieten viele Pflanzen, besonders des tropischen Amerikas, zufolge der Gegenwart sog. „extranuptialer Nektarien."

Die meisten Blüten der Phanerogamen (die sog. insektenblütigen) entwickeln bekanntlich an irgend einer Stelle Honiggefässe oder Nektarien, durch welche Insekten zur Vermittlung der Befruchtung angelockt werden. So treten diese Honiggefässe in innige, wenn auch mittelbare Beziehung zur Hochzeit, zu den nuptiis auf Latein, der Pflanzen, es sind nuptiale Nektarien. Ausserdem aber finden wir bei einer Reihe von Gewächsen, den Honiggefässen der Blüten ähnlich funktionierende, einen ähnlichen süssen Saft absondernde Drüsen und Haarpolster an andern Stellen, namentlich an der Unterseite und an den Stielen der Blätter, welche als extranuptiale Nektarien mit dem Fortpflanzungsgeschäfte der betr. Pflanzen nichts zu thun haben, wohl aber zur Anlockung der Ameisen dienen.

Im Erfolge also, den sie mittelst ihrer Sekrete erzielen, gleichen sie allerdings den Zuckerabsonderungen der Blattläuse, wenn Schimper aber behauptet, sie hätten dieselbe Bedeutung, wie die sog. Saftröhren dieser Tiere, so ist er im Irrthum, denn diese sind es, wie wir sahen, nicht, aus welchen die süsse Substanz austritt. Damit wird auch sein weiterer Ausspruch, dass die extranuptialen Nektarien und die Saftröhren der Blattläuse, die einzig bekannten Fälle einer gleichartigen Anpassung bei Tieren und Pflanzen wären, hinfällig, ein Ausspruch, welcher abgesehen davon überhaupt nicht richtig wäre, denn die Brennhaare mancher Raupen, die des Prozessionsspinners etwa, und mancher Pflanzen, um bei bekannten Beispielen zu bleiben, die der Brennessel, sind ihrem Bau und ihrer Wirksamkeit nach, von einer sehr merkwürdigen Übereinstimmung, die Resultate höchst ähnlicher Reaktionen auf fast gleiche äussere Einflüsse, also jedenfalls eine fast gleichartige Anpassung.

Kerner hatte seiner Zeit die Ansicht ausgesprochen, die extranuptialen Nektarien lenkten den Besuch unwillkommener Gäste von den Blüten der Pflanzen ab. Sie sollten gewissermassen eine freiwillig gegebene Abfindung oder eine Tributzahlung sein, durch welche die Ameisen von weiterem Vordringen' und von unliebsamen Visiten der Blumen abgehalten würden, wären also Anpassungen in myrmekophobem Sinne. Unter Umständen mag diese Auffassung richtig sein, aber gewiss nicht unter allen. Delpino hat darauf hingewiesen, dass auch Pflanzen ohne nuptiale Nektarien doch extranuptiale besitzen können. Derartige Pflanzen sind z. B. der Wunderbaum (Ricinus) und die Pappel (Populus). Beide Baumformen sind windblütig oder anemophil, nicht insektenblütig oder entomophil, d. h. die Bestäubung der Narben mit Pollen wird nicht durch Insekten, sondern durch den Wind vermittelt, ihre Blüten haben daher keine besondern Lockmittel, weder als provokatorische Farben, noch als angenehmen Duft, noch auch als süssen Honig entwickelt. Wieder andere Gewächse besitzen, obwohl extranuptiale Nektarien an ihnen vorkommen, an ihren Blüten Schutzvorrichtungen, welche den Ameisen den Besuch derselben, den sie trotzdem auch versuchen, erschweren, wenn nicht unmöglich machen (Passions-blumen, virginischer Jasmin — Tecoma), drittens endlich treten bei einigen Pflanzen Blüten und extranuptiale Nektarien nicht zu gleicher Zeit auf. Diese Thatsachen beweisen, dass die Hypothese vom Ablenken unwillkommener Besucher durch jene extranuptialen Nektarien, wenigstens so allgemein, wie Kerner wollte, nicht richtig ist.

Es liegt in der Natur der Sache, dass extranuptiale Nektarien in den Tropen, wo sie wenigstens in denen der neuen Welt am sorgfältigsten von Schimper studiert wurden, zahlreicher auftreten als in den gemässigten Zonen. Einmal sind die Pflanzen hier Ge-fahren durch Insekten nicht in dem Grade im Allgemeinen und so anhaltend ausgesetzt, wie dort. Ein Raupen- oder Käferfrass kann bei uns wohl einmal zu gewissen Zeiten und an gewissen Lokali-täten sehr verheerend auftreten, an andern Stellen aber und während einer langen Reihe von Jahren, bleiben die betr. Pflanzen fast völlig von ihren Feinden verschont. Aber nur ein anhaltend ausgeübter Einfluss kann züchtend auf einen Organismus einwirken: der Zeit und dem Orte nach so sehr sporadisch auftretende Erscheinungen, wie ein grosser Insektenfrass bei uns zu Lande sind dazu kaum angethan. Andrerseits ist aber in den heissen Gegenden der Besitz derartiger Mittel, die Ameisen als Schutz anzulocken, für die Pflanzen viel wichtiger und lohnender, um mich so auszudrücken, als bei uns, wo diese unternehmungslustige, wehrhafte Insektensippe so viel geringer entwickelt ist.

Schimper fand in verhältnissmässig sehr kurzer Zeit in der Umgebung von Blumenau in Brasilien von Gewächsen mit extra-nuptialen Nektarien gegen 30 Arten, welche sich auf 15 der ver-schiedensten Familien verteilten, — ein Beweis, dass die betr. Pflanzen diese Organe unabhängig von einander und als das Resultat gleicher Anpassung an das gleiche Bedürfnis erworben haben.

Die Anlockungsorgane liegen meist an ganz bestimmten Stellen der Pflanzen, es sind drüsige Gebilde an den Stielen oder Unterseiten der Blätter, oder Haarpolster sog. Trichome, ja es können ganze Nebenblätter wie bei Impatiens tricornis dazu umgebildet sein. Hier ist eins der beiden Nebenblätter jedes Laubblattes nach Kerner verkümmert, das andere aber zu einer fleischigen, gewölbten Scheibe umgewandelt, welche teils der Basis des Hauptblattes, teils der Epidermis des Stengels angewachsen ist und sich schräg vor die Blattachse legt, aus welcher der Blütenstiel entspringt. Der Nektar sammelt sich in Gestalt eines Tropfens auf der Unterseite der halbkugeligen Scheibe, wo er von Ameisen begierig aufgesucht wird. Es ist übrigens die Lage oder doch die stärkere Entwicklung extranuptialer Nektarien in der Nähe der Blüten charakteristisch. Deren Bestand ist für die Pflanze der Erhaltung der Art halber von grösster Wichtigkeit, hier also werden so vigilante Schildwachen, wie es die Ameisen sind, am notwendigsten sein.

Sehr interessant ist auch die Thatsache, dass nicht alle extranuptialen Nektarien fortwährend Zuckersaft secernieren, sondern dem Stoffwechsel der Pflanze nur dann Material entziehen, wenn es wirklich nötig ist. So bemerkt Urban (bei Schimper) von den Honiggefässen der Turnera ulmifolia: „nur die Drüsen derjenigen Blätter, deren Stielen Blüten angewachsen sind, bringen es zur Absonderung und zwar erst dann, wenn die zugehörige Blüte der Entfaltung nahe ist; ein bis zwei Tage nach dem Verwelken der Blüten hört die Absonderung auch wieder auf." Die afrikanische Acacia giraffae hat nach Beobachtungen von Dr. Schinz (bei Schumann) in der Jugend einen widerlichen Wanzengeruch, welcher Holz und Rinde des Baumes so durchzieht, dass das Fleisch der Giraffen, welche von solchen Pflanzen gefressen haben, danach schmeckt und ungeniessbar wird. Während dieser Zeit tragen die Zweige des Baumes starke Dornen, sind aber niemals von Ameisen bewohnt. Tritt die Acacie in die Blütenperiode, so bildet sich die Stachelarmatur bis zum Verschwinden zurück, der Wanzengestank verliert sich und nun wimmelt der Baum, welcher wahrscheinlich auch mittlerweile wie andere Acacien extranuptiale Nektarien gebildet hat, von Ameisen.

In anderen Fällen sind die extranuptialen, Ameisen anlockenden Nektarien offenbar im Interesse der Blätter selbst erworben. Die Blätter einiger Pflanzen sind nur auf einem gewissen Stadium ihrer Entwicklung oder in einem gewissen Alter den Schädigungen seitens ihrer Feinde ausgesetzt, und dann auch nur ist die Gegenwart der Schirmherrinnen nötig. So dauert nach Schimper die Zuckerausscheidung der Blatthoniggefässe bei der südamerikanischen Cassia neglecta drei Wochen. Sie beginnt zwar schon, bevor die Blätter ihre definitive Grösse erreicht, aber doch erst, nachdem sie sich ausgebreitet haben und dadurch den Angriffen gewisser Feinde (auch Ameisen, wie wir bald erfahren werden) ausgesetzt sind, sie erreicht ihr Maximum, wenn auch das Blatt seine Maximalgrösse erlangt hat, schwindet aber in dem Masse, wie dasselbe an Festigkeit und Derbe zunimmt und sich dadurch gegen die Zerstörung durch die betreffenden Insekten selbst schützt.

Ähnlich scheinen die Sachen bei einer Landsmännin der Cassia neglecta, bei der Knollenwinde (Batatas edulis), zu liegen. Hier finden sich nach V. A. Paulsen zwei Anschwellungen am Blattstiele, welche ein zuckerhaltiges Fluidum absondern, zwar nicht in beträchtlicher Menge, aber doch genug, um Ameisenarten herbeizulocken. Wenn mit zunehmendem Alter auch die Grösse des Blattes zunimmt, so verschwinden diese Nektarialanschwellungen allmälig, sodass sie am ausgewachsenen Blatte kaum noch wahrnehmbar sind und zugleich scheint auch ihr Absonderungsvermögen nachzulassen, ja, endlich ganz aufzuhören. Es ist eine wundervolle Analogie, dass, wie wir sahen, bei gewissen Gallen die Abscheidung der Süssigkeit aufhört, sobald das Insekt sein zu schützendes Gehäuse als ausgebildetes Wespchen verlassen hat

Schimper hat aber die interessante Beobachtung gemacht, dass die Zuckerausscheidungen der extranuptialen Nektarien immerhin von weit längerer Dauer sind, als die der nuptialen und dass sie nicht, wie bei diesen aufhören, wenn das Nektarium geleert ist, sondern sich wiederholen. Beides lässt sich gar wohl verstehen. Die Aufgabe der nuptialen Nektarien ist Insekten anzulocken, damit durch diese die Befruchtung der Blüte vollzogen wird. Das ist ein einmaliger Akt von kurzer Dauer, und sobald er sich abgespielt hat, hat auch das Honiggefäss seine Mission sozusagen erfüllt, es wäre völlige Verschwendung, sollte es jetzt noch weiter secernieren. Anders die extranuptialen Nektarien. Sie sollen nicht eine kurzwährende Erscheinung veranlassen, sie sollen vielmehr schützende Insekten für so lange Zeit anlocken, wie die Pflanze bezw. Teile von ihr durch Feinde bedroht sind und dieses Schutzes bedürfen.

Die Ameisen kennen offenbar die Pflanzen, von denen sie

Nektar zu erwarten haben, sowie auch einigermassen die Lage der Honiggefässe selbst. Der Geruch leitet sie nicht zur Auffindung derselben, denn als Schimper Exemplare der Cassia neglecta der Nektarien künstlich beraubt hatte, sah er, dass sie doch von Ameisen besucht wurden, welche an den Blattstielen, wo sie ihre Leckerbissen vermuteten und wo sie sich auch wirklich befunden hatten, unruhig suchend umherliefen. Die Nektarien liegen entweder an ganz bestimmten Stellen, mit welchen die Ameisen genau vertraut sind, oder, wenn sie dies nicht thun, sich z. B. an der Unterseite der Blätter mehr oder weniger unregelmässig zerstreut finden, dann haben sie besondere Eigentümlichkeiten, sich den Ameisen bemerklich zu machen. Sind sie von der grünen Blattfarbe, so ragen sie als bemerkbare Höcker stark hervor oder sie sind von abstechender Färbung, rot, braun, violett, weiss. Um nun zu prüfen, ob sich Ameisen von der Farbe beeinflussen liessen, schritt Schimper mit einheimischen Arten zum Experimente. In seiner ganz vortrefflichen Abhandlung „Die Wechselbeziehungen zwischen Pflanzen und Ameisen im tropischen Amerika" (Jena 1888) erzählt er: „Rote Ameisen bewohnten den Boden am Fuss einer Weide, auf deren Stamm sie sich mit der Pflege von Blattläusen abgaben; sie liefen daher vielfach auf letzterem auf und ab und boten mir dadurch günstige Bedingungen für meine Versuche. Ich klebte auf die Rinde eine grosse Anzahl Stückchen von rotem, violettem und gelbem Glanzpapier von etwa $\frac{1}{2}$—1 Quadratcentimeter, die teils von dreieckiger, teils von viereckiger Gestalt waren; letztere wurden mit einer dicken Zuckerlösung bestrichen, während erstere trocken blieben. Die Ameisen wurden bald diese Spende gewahr und kamen in grosser Anzahl, um den Zucker zu verzehren. Am ersten Tage waren ihre Bewegungen noch sehr ziellos; sie schienen den Zusammenhang zwischen Farbe und Zuckervorrat noch nicht aufgedeckt zu haben. Schon am zweiten Tage jedoch und noch weit mehr an den folgenden waren sie sich des letztern offenbar ganz bewusst; in einer Entfernung von etwa einem halben Centimeter liefen sie meist auf die Papierstückchen, und zwar sowohl auf die mit Zuckerlösung versehenen, als auf die trockenen zu. Letztere wurden vielfach sorgfältig durchsucht, bevor sie wieder verlassen wurden. Eine Bevorzugung irgend einer bestimmten Farbe kam dabei nicht zum Vorschein."

Soweit Schimper, der durch dieses Experiment den Nachweis

geliefert hat, dass auch die Ameisen sich wie fliegende Insekten durch die Färbung der Honigquellen leiten lassen.

Jedoch nicht blos Nahrung oder Leckerei bieten in den Tropen gewisse Pflanzen den Ameisen, sie wissen sie, um mich einmal so auszudrücken, dauernder an sich zu fesseln, indem sich Teile ihres Körpers zu Wohnstätten umgebildet haben. Gewiss eine ebenso merkwürdige Erscheinung gegenseitiger Anpassung, wie diejenige, welche zwischen Blumen und Bienen stattfindet.

In dem Gewirre von Luftwurzeln der Epiphyten oder Schmarotzerpflanzen auf Bäumen, welche im tropischen Walde eine so grosse Rolle spielen, — in den Blattwinkeln von Palmen, von ananasartigen Gewächsen u. s. w. lassen sich gern Ameisen nieder, welche sich so die Mühe des Bauens wesentlich erleichtern, die Kunst des Bauens aber auch im Laufe der Zeit wesentlich verlernt haben. Auch unter diesen Umständen ist die Gegenwart der bissigen, giftigen Hymenopterenjungfrauen den Pflanzen gewiss von grossem Nutzen, aber sie haben nicht nötig, besondere Vorrichtungen zu erwerben, welche den Insekten Wohnung gewähren. Dies soll auch nicht der Fall sein mit zwei der am längsten bekannten Ameisenpflanzen, obwohl man gerade bei diesen nur schwer glauben kann, dass die Ameisen nur zufällige Gäste in andern Zwecken dienenden Räumen sind. Diese beiden Gewächse sind Angehörige der in den tropischen und subtropischen Ländern ungemein stark entwickelten Familie der Rubiaceen, zu welcher auch der Chinabaum und die Kaffeepflanze gehören und die auch sonst einen beträchtlichen Kontingent zur Schar der Ameisenpflanzen sowohl der Alten wie der Neuen Welt stellt. Sie heissen M y r m e c o d i a t u - b e r o s a und H y d n o p h y t u m f o r m i c a r u m und bewohnen die Sunda-Inseln und Molukken.

Der treffliche, 1634 zu Hanau geborene, 1696 als niederländischer Intendant auf Amboina erblindet gestorbene G e o r g E b e r - h a r d R u m p h i u s, ein Mann, auf welchen wir Deutsche allen Grund haben stolz zu sein, hat ausser andern Werken zoologischen und botanischen Inhalts ein Herbarium amboinense geschrieben. In diesem mit zahlreichen und trefflichen Abbildungen ausgestatteten Werke gedenkt er auch zweier ostindischer Pflanzen, welche, ohne vorher den gewöhnlichen Entwickelungsgang durchlaufen zu haben, aus umgebildeten Ameisennestern ihren Ursprung nehmen sollten und zwar die eine aus den Nestern einer roten (M y r m e c o -

dia), die andere (H y d n o p h y t u m) aus denen einer schwarzen Art.

In neuerer Zeit sind wir über diese Pflanzen und besonders über die erste durch Mitteilungen des englischen Reisenden Forbes und namentlich durch eingehende Untersuchungen des Direktors des botanischen Gartens zu Buitenzorg bei Batavia, Treub genauer unterrichtet worden, obgleich freilich noch manches in der Naturgeschichte dieser Gewächse und namentlich gerade ihr Verhältnis zu den Ameisen nichts weniger als klar ist.

Myrmecodia tuberosa wächst auf dem wirren Geflecht, welches die Wurzeln parasitischer Orchideen bilden. Der unter dem Ursprung der beiden Keimblätter (Cotyledonen) gelegene Teil der Axe bildet eine unregelmässig runde, kohlrabiartige Knolle, welche bis ein Viertel Meter hoch und ein Fünftel Meter breit werden kann. Sie ist durchzogen von einem System weiter unregelmässiger Kanäle, die im Allgemeinen im Innern weiter als nahe der Oberfläche sind, auf welcher sie mit mehreren ungleichmässig verteilten Öffnungen münden. Ich kenne, indem ich allerdings nur nach der Abbildung bei Treub urteile, nichts was diesem durchschnittenen Knollen ähnlicher sähe als Längsschnitte durch gewisse kompakte Kieselspongien. Jene Kanäle sind erfüllt von einer Menge kleiner roter Ameisen (nach Emery Iridomyrmex cordata und nicht Pheidole javanica, wie Forbes annahm), welche sich mit ihrem Hauswesen in denselben zwar niedergelassen hat, an ihrer Bildung indessen nicht beteiligt sein soll. Diese Kanäle sind nach der Meinung Treubs nichts als Durchlüftungsapparate für die Pflanze und bilden sich bereits am Keimling, an welchem die Axe, schon bevor die beiden Keimblätter sich trennen, die Gestalt einer kleinen Knolle hat. Bald entsteht an der Basis derselben, bisweilen auch höher hinauf an der Seite eine Öffnung von kreisrunder Gestalt, der Zugang zu einer in das Innere führenden Gallerie, deren Zahl zunimmt in dem Maasse, wie die Knolle wächst. Diese verliert nach und nach ihre ursprünglich grüne Farbe, wird bräunlich und entwickelt zahlreiche sogenannte Adventivwurzeln, welche sich zum Teil zu Dornen umbilden. Manche Kanäle sind glatt, andere mit kleinen Höckerchen (Lenticellen) besetzt, welche die Träger eines linsenförmigen, aus „Füllkörpern" bestehenden Körpers sind, Nährstoffe, ziemlich viel Öl, wenig Traubenzucker und bisweilen Amidon enthalten. Dieselben sollen, was schwer zu glauben ist, n i c h t von den Ameisen angenagt werden, sondern das Gewebe der Pflanze mit der äussern Luft in Rapport setzen, auch sind ihre oberflächlichen Zellen immer lufthaltig.

Forbes giebt eine drastische Schilderung davon, wie er, als er sich einer Myrmecodie leichtsinnig näherte und rauh mit ihr umging, sofort von Myriaden von Ameischen bedeckt wurde, von denen ein jeder applizierter Biss wie ein feuriger Stich brannte, — wie er sich mit der Hast der Verzweiflung entkleidete und wie die Tiere gleich pulverisiertem Cayenne-Pfeffer über ihn her waren. Es gelang ihm aber doch, freilich nach einigen vergeblichen Versuchen und nicht ohne manchen Seufzer und manchen Fluch seitens seiner ihn begleitenden Diener, mehrere Exemplare der Pflanze zu erbeuten. Auch Forbes findet es wenig wahrscheinlich, dass die Ameisen die Myrmecodie so ausnahmslos, wie er erfahren hat, bewohnen sollten, ohne dass diese eine entsprechende, im Interesse ihrer selbst direkt, im Interesse der Ameisen indirekt erworbene Anpassung besässe und er meint, die Lenticellen könnten den Insassen doch irgendwie als Nahrungsquelle dienen. Es ist ja nicht zu bestreiten, dass, wie Schimper ausführt, Höhlungen und Kanäle an Pflanzen vorkommen können, welche Ameisen zwar zur Wohnstätte dienen, aber nicht in deren Interesse und um sie an die betreffenden Gewächse zu ketten, erworben sind, sondern in der Ökonomie der Inhaberinnen eine ursprünglich ganz andere Rolle spielen. Wenn aber die Beobachtung von Beccari, wonach die Gefässbündel der Myrmecodie von den Kanälen durchschnitten sind, richtig ist, dann sind diese doch wohl nur auf die Gegenwart und die Thätigkeit der Ameisen zurückzuführen. Es wird uns Anhängern der Evolutionstheorie, die wir in den Erscheinungen der Symbiose eine ganz besonders glänzende, nur in unserem Sinne erklärliche Bestätigung unserer Anschauungen erblicken, ja oft zum Vorwurfe gemacht, dass wir nicht kritisch genug verführen und dass uns Voreingenommenheit nur zu häufig durch eine gefärbte Brille die Dinge sehen liesse, wie wir sie zu sehen wünschten, aber nicht, wie sie wären. Nun, — das mag unter Umständen wahr sein, denn es ist menschlich, aber es gilt genau so für die Gegner der Darwinschen Auffassung der organischen Welt, denn ihre menschliche Natur wird kaum eine andere sein als die unsrige!

Was speziell den Fall der Symbiose zwischen den Ameisen und der Myrmecodia betrifft, so ist ja leicht zu glauben, dass schon an der jungen Pflanze und ohne Gegenwart von Ameisen Luftlöcher und Durchlüftungskanäle entstehen, aber es ist sehr wahrscheinlich und der Gegenbeweis ist noch nicht erbracht, dass dieselben von den Ameisen vermehrt und vergrössert werden und dass durch den von diesen Tieren ausgeübten Reiz die Knollen an Umfang zunehmen und dass sich im Laufe der Zeiten gewisse Zellengruppen in den Wandungen ihrer Kanäle zu Ernährungsherden der Gäste umgebildet haben. Irgend etwas muss schon die Ameisen an die Myrmecodia, bevor sich zwischen beiden die Verhältnisse gegenseitigen Vorteils so hoch entwickeln konnten, gefesselt haben und das mögen wirklich die einfachen Durchlüftungskanäle gewesen sein.

Die Annahme, dass wir es hier mit einem wahren symbiotischen Vorgange zu thun haben, gewinnt an Wahrscheinlichkeit, wenn wir die analogen Fälle, welche namentlich den von Fr. Müller und Schimper genauer untersuchten brasilianischen Imbaubabaum (Cecropia adenopus) und einige Akazien (besonders die von Belt studierte zentralamerikanische Acacia sphaerocephala) betreffen, zum Vergleich heranziehen. Auch diese Pflanzen bieten den Gästen neben Wohngelegenheiten zugleich den Lenticellen der Myrmecodia vergleichbare Nährkörper, die Akazie ausserdem noch in extranuptialen Nektarien Genussmittel.

Die Imbauba oder Cecropie ist, (wir folgen in unserer Darstellung den Untersuchungen von Schimper,) ein hoher, schlanker Baum aus der Familie der brennesselartigen Gewächse (Urticaceen), mit kandelaberartig angeordneten einfachen Ästen und wenigen grossen Blättern. Ihr Stamm ist innen hohl und durch sehr dünne, zerbrechliche Querwände (Nodien) in eine Anzahl abgestumpft kegelförmiger Fächer oder Kammern (Internodien) geteilt, welche von einer grossen Menge einer winzig kleinen, sehr heftig stechenden, sonst nirgends vorkommenden Ameisenart (Azteca instabilis) bewohnt werden. Es ist lange bekannt, dass man nicht ungestraft eine Imbauba fällt oder auch nur unsanft berührt. Zwar entdeckt man von vornherein auf der Pflanze nur einige auf dem Stamme und den Blättern herumkriechende Ameisen, sobald dieselbe aber stärker erschüttert wird, stürzt eine Armee jener winzigen, aber tapfern und wehrhaften Verteidigerinnen hervor und wirft sich auf den Störenfried.

Diese im Verhältnis zu ihrer Grösse höchst giftigen Geschöpfe brechen aus kleinen runden oder ovalen Löchern der Wandungen der obern Internodie hervor, denn sie bewohnen nicht die sämtlichen Kammern der Imbauba. Sie haben sich in den obersten jüngsten noch nicht niedergelassen, welche auch noch keine Öffnung zeigen, und die älteren unteren, in dem Maasse, wie sie nach und nach höhere Stockwerke bezogen, verlassen, so dass bei diesen jene Thüren durch das Wachstum der benachbarten Gewebe wiedergeschlossen, vernarbt erscheinen. Ein jedes Internodium unterhalb der jüngsten hat aber, wohl mit Ausnahme der untersten, einmal eine derartige Kommunikationsöffnung mit der Aussenwelt besessen.

Es ist klar, dass diese Löcher das Werk der Aztekenameise sind. Wunderbar aber erscheint es für den ersten Blick, dass dieselben immer an einer ganz bestimmten Stelle auftreten, nämlich am obern Ende einer seichten, sich von der Ansatzstelle des nächsten untern Blattes nach oben ziehenden Rinne. Eine solche Rinne findet sich bei mehreren Gewächsen und sie ist das Resultat des Druckes, welchen das Blatt als Knospe auf die Wand des unterliegenden Internodiums ausgeübt hat. Sie drückt anfangs nur auf eine kurze Strecke desselben, welche rascher wächst, sodass die Knospe eine zeitlang ihre relative Lage behält und ihren Druck auf die von unten herauf nachwachsenden Teile des Internodiums fortwährend ausübt und so anstatt einer ursprünglichen, ihrer Grösse entsprechenden Grube eine weit längere Rinne in die unterliegende Kammerwand einpresst. An der Stelle, wo die Spitze der Knospe anfangs auf das Gewebe des jungen Internodiums drückte, also am oberen Ende der Rinne findet sich eine ovale Vertiefung, welche nach der Entdeckung von Fritz Müller einer starken Verdünnung der Kammerwand entspricht. An dem jungen Internodium ist die Verdünnung nur punktförmig, sie verbreitert sich aber bei weiterem Wachstume und auch von innen her bildet sich eine entsprechende Vertiefung, sodass hier schliesslich ein breiter, nur von einer dünnen Scheidewand, dem „Diaphragma" geschlossener Kanal von der Länge der Wandungsdicke zu Stande kommt. Diesen Ort des geringsten Widerstandes kennen die Ameisen genau und hier schlagen sie die Zugangsöffnung zur Kammer ein.

Die Innenseiten der Kammerwände sind in der Jugend mit den Resten eines weissen flockigen Marks ausgekleidet, welches später bräunlich wird und nur unter dem Diaphragma fehlt.

Die Besiedelung der Cecropia seitens der Ameisen und die Gründung einer Kolonie in ihren hohlen Internodien beschreibt Fritz Müller folgendermassen (im Kosmos, B. VIII. pg. 113): „Die Be-

siedeluug junger Imbaubastämmchen mit Ameisen geschieht in der
Weise, dass ein befruchtetes Weibchen, die spätere Königin des
Ameisenstaates durch eine von ihr genagte Öffnung in eine der
obersten Kammern des Stammes eindringt. Die Öffnung verwächst
bald wieder; in der völlig geschlossenen Kammer beginnt die Königin
Eier zu legen. Die aus ihnen sich entwickelnden Arbeiterameisen
eröffnen dann wieder von innen her die Verbindung mit der Aussenwelt. Das Eindringen des Weibchens geschieht nun stets an einer
ganz bestimmten Stelle, nahe am oberen Ende der Kammer, senk-
recht über der Knospe in der Achsel des nächsten Blattes. Hier
findet sich ein längliches Grübchen und auf einem Querschnitt sieht
man, dass die Wand der Kammer sehr beträchtlich verdünnt ist,
dass also die Pflanze schon eine Pforte für den Einzug ihrer un-
entbehrlichen Gäste bereit hält . . . . Je leichter dem Ameisenweibchen das Eindringen gemacht wurde, um so rascher und sicherer
konnte es unversehrt ins Innere der Imbauba gelangen, ohne von
Vögeln oder Kerfen verspeist, oder mit dem Ei einer Schlupfwespe
behaftet zu werden . . . — Die Eingangspforte bietet gleichzeitig
der jungen Königin ihre einzige Nahrung bis zu der Zeit, wo ihre
erwachsenen Nachkommen anderweitig für sie sorgen können; in
dem beim Eindringen der Königin verletzten Gewebe beginnt eine
lebhafte Wucherung, durch welche nicht nur, wie bereits erwähnt,
die Öffnung rasch wieder völlig verschlossen, sondern auch für die
eingeschlossene Königin reichliche, saftige Nahrung erzeugt wird . .
— Nicht selten findet man in jungen Imbauben vier bis sechs auf
einanderfolgende Kammern mit je einem eierlegenden Weibchen
besetzt, ein einziges Mal traf ich deren zwei in derselben Kammer."
　　Nach diesen Beobachtungen unseres genialen Biologen gewinnt
es den Anschein, als ob die Staaten der Aztekenameisen in der
Regel von mehreren Königinnen gegründet würden. Denn einmal
würden sich sonst deren zweie in einer Kammer kaum vertragen
haben, dann aber zernagen auch die Arbeiterinnen die Nodien oder
Querböden, sodass eine Reihe von Kammern der Cecropia miteinander kommunizieren und zusammen von einem Volke bewohnt
werden. Belt fand, allerdings wohl von einer anderen Ameisenart
als von Azteca stabilis in der einen Kammer der Cecropia immer
Eier, in einer andern Larven und in einer dritten die Puppen lose
liegend. In einer vierten endlich befand sich die Königin umgeben
von etwa einem Dutzend Schildläusen.

Die Imbauba vermag ihren willkommenen Gästen noch mehr zu bieten als blos Logis, auch für Kost ist gesorgt. An der Unterseite der Basis der Blattstiele befindet sich ein mehrere Quadratzentimeter grosser Fleck oder Polster von in der Jugend weisser, später braunwerdender Haare. Zwischen diesen eingebettet entdeckte Fritz Müller eigentümliche weisse und feste, Insekteneiern ähnliche Körperchen, welche Schimper nach ihrem Entdecker Müller'sche Körperchen nannte. Dieselben liegen in grosser Menge, „bei tausenden" sagt Schimper, und in den verschiedensten Stadien der Entwickelung zwischen den Haaren. Anfangs sind sie gestielt, aber sobald sie eine gewisse Grösse erreicht haben, vertrocknet der Stiel, sie lösen sich von ihrer Unterlage ab und werden durch den seitlichen Druck der benachbarten Haare nach aussen geschoben, sodass sie wie die Spargelkuppen aus dem Gemüsebeet aus dem braunen Polster hervor schauen. Der Haarüberzug verhindert auch das Herabfallen der Müller'schen Körperchen, wenigstens für einige Zeit, denn die reifen lösen sich bei Berührung leicht von ihrer Unterlage ab, ja mögen schliesslich wohl von selbst abfallen. Jeden Tag kommen auf allen Blattstielkissen einige zur Reife und die abgefallenen oder sonst entfernten werden regeneriert. Zum Abfallen kommt es indessen unter normalen Verhältnissen nicht. An den von der Aztekenameise bewohnten Bäumen, und das sind fast alle ausnahmslos sobald sie nur daumsdick geworden sind, bemerkt man nur ganz wenige, selten mit mehr als halber Länge aus dem Haarpolster hervorragende Körperchen. Schon hieraus würde sich mit befriedigender Sicherheit schliessen lassen, bemerkt Fritz Müller, „dass die Kölbchen, sowie sie reif aus dem Haarkissen sich erheben, von den Ameisen abgeerntet werden, — dass die Besuche, welche die Ameisen beständig bei den jüngern Blättern machen, den Haarkissen am Grunde des Blattstieles, ihren Gemüsebeeten gelten. Es ist mir übrigens auch wiederholt Gelegenheit geworden, dem Einernten der Futterkölbchen als Zeuge beizuwohnen und häufig habe ich die eingeheimsten Kölbchen im Innern des Stammes angetroffen." Das dichte umgebende Haarpolster bewahrt nach demselben Forscher nicht nur den in ihm sich entwickelnden Körperchen den nötigen Grad von Feuchtigkeit, es verhindert auch, dass die Ameisen sie abernten, bevor sie die Reife erlangt haben. Der Inhalt dieser Körperchen ist, wie Müller schon vermutete und Schimper bestätigte, ausserordentlich reich an fetten Ölen und Eiweissstoffen.

obwohl die letztern sonst von den Pflanzen nur an die Fortpflanzungsprodukte abgegeben werden, und auch die ersteren für den Stoffwechsel der Gewächse eminent wichtige Substanzen sind. Es ist nicht denkbar, dass eine Pflanze so köstliche Stoffe aufopfern wird ohne dafür eine entsprechende Gegenleistung zu erhalten. Nur ein einziger Fall ist bis jetzt bekannt, in welchen dies auch geschieht, derselbe betrifft die Acacia sphaerocephala und ist dem der Imbauba völlig analog, während die übrigen Cecropien mit den Ameisen nach Schimper in keinem symbiotischen Verhältnis stehen. Eine Art ist mit einem glatten Wachsüberzuge versehen, welcher allen Ameisen freundlichen wie feindlichen das Beklettern unmöglich macht, und besitzt weder eine vorgeschriebene Bohrstelle an der Wand der Internodien noch Müller'sche Körperchen. Es giebt aber zwischen dieser Cecropie und der Imbauba gewissermassen einen Übergang, denn bei einer Art findet sich zwar das betreffende Grübchen am obern Ende der Rinne, aber es fehlen an den Blättern die eiweisshaltigen Nahrungskölbchen. —

Die Acacien sind Pflanzen, welche häufig extranuptiale Nektarien und meistens Dornen oder Stacheln besitzen, welche bisweilen hohl sind. Dergleichen hohldornige Formen scheinen sich im ganzen Verbreitungsgebiet der Gattung zu finden und immer dürften die hohlen Dornen von Ameisen bewohnt sein, indessen sind bis jetzt blos die beiden zentralamerikanischen Arten Acacia cornigera und die erwähnte sphaerocephala näher auf diese symbiotische Verhältnisse untersucht. Die erstere Pflanze, welche blos extranuptiale Nektarien besitzt, war nach Huth schon den alten Mexikanern unter dem Namen Hoitzmamaxalli als Sitz äusserst bissiger Ameisen bekannt. Weit interessanter ist die zweite Form, welche von Belt beobachtet wurde.

Die hohlen Dornen der Acacia sphaerocephala von Nicaragua sind wie die Dornen sämtlicher Acacien, die umgebildeten Nebenblätter (Stipulardornen) und offenbar ursprünglich erworben, um den Wiederkäuern und anderen pflanzenfressenden Säugetieren Schwierigkeiten zu bereiten und sie einigermassen vom Verzehren der Pflanzen abzuhalten. Dazu würden feste, solide Dornen weit geeigneter sein, selbst wenn sie nicht sehr gross wären, als die hohlen unförmlich aufgetriebenen, bei grösserem Materialaufwand dünnwandigen und weichen Stipulardornen der A. sphaerocephala. Die Sache ist eben die, dass dem betreffenden Baume gefährlicher

Feinde drohen, als die pflanzenfressenden Säuger, gegen welche indessen Dornen und Stacheln ganz unzulängliche oder richtiger gar keine Verteidigungswaffen sind. Wie sollten dieselben die Besuche der überaus zerstörend wirkenden, blattschneidenden Ameisen hintanhalten? Das vermochten indessen die überaus bissigen, raub- und stechlustigen, kleinen Ameisen aus der Gattung **Pseudomyrma** Diese zu Besuchen, ja zum bleibenden Aufenthalt zu gewinnen, darauf hin musste sich die Pflanze anpassen und sie that es in doppelter oder selbst dreifacher Richtung. Einmal behielt sie die vielen ihren Gattungsgenossen zukommenden extranuptialen Nektarien, zweitens gestalteten sich ihre alten Schutzwaffen zu Wohnräumen für die nützlichen Gäste und drittens bildeten sich gewisse ihrer Blattdrüschen zu Nahrungskörpern um.

Über den Gang, welchen die Umgestaltung der Stipulardornen von Verteidigungsmitteln zu Gehäusen für die Ameisen genommen hat, können wir uns keine rechte Vorstellung machen und auch keine völlig genügende Erklärung davon geben. Ihr kegelförmiger zentraler Hohlraum, ist von einem, an allen Stellen gleichmässig dünnen Mantel umgeben, welcher nirgends mit einer leichter zu durchnagende, den Ameisen also gewissermassen als zukünftige Eingangspforte vorgeschriebenen Stelle versehen: wenn die Insekten trotzdem ihr Bohrloch fast immer in der Nähe der Spitze des Dorns anlegen, so beruht das höchst wahrscheinlich, wie Schimper annimmt, auf die Art ihrer häuslichen Einrichtung.

Jedenfalls sind alle symbiotischen Erscheinungen, welche zwischen Pflanzen und Ameisen stattfinden, auf die Initiative der letzteren zurückzuführen. Bei der Imbauba waren die Wohnungsräume schon vorhanden, alle Cecropien haben hohle Stämme und haben dieselben ganz unabhängig von den Aztekenameisen erworben. Nach Fritz Müller „leben gar manche andere Ameisen ebenfalls in hohlen Ästen und Pflanzenstengeln, wenn auch meist in dürren (so Cryptocerus- und Pseudomyrma-Arten)." Es mögen nun Vorfahren der Azteka instabilis durch Zufall vielleicht von den inneren Hohlräumen der Imbauba Kenntniss bekommen haben und sie nahmen die Gewohnheit an, sich zu denselben durch Durchnagen der Rinne, unterhalb welchen die Wandung des Internodiums etwas dünner ist als an andern Stellen, Zugang zu den Kammern zu zu verschaffen. Dass sie das immer am oberen Ende der Rinne thaten, mag gleichfalls wie bei den, die Dornen der Acazie bewohnenden Ameisen mit anderweitigen, häuslichen Einrichtungen zusammenhängen. In Anpassung nun an den Gast erwarben die Pflanzen zunächst an dieser Stelle das Diaphragma, da immer diejenigen von ihnen, deren Stammwand hier leichter zu durchnagen war, bessere Chancen den Wohlthäter an sich zu fesseln, besassen. Erst später gingen aus schon vorhandenen, der Sekretion von Schleim oder Harz dienenden Organen (Schimper) als besondere im Interesse eines gesteigerten Ameisenschutzes die erworbene Müller'schen Körperchen hervor.

So verhältnismässig einfach ist der Vorgang, welche die Symbiose zwischen der Acacia sphaerocephala und ihrer Ameise einleitete, jedenfalls nicht gewesen. Aber doch müssen wir annehmen, dass auch hier die Umbildung der Dornen zu Wohnräumen auf die Initiative der Ameise zurückzuführen ist; auch in diesem Falle werden die Insekten jene ursprünglichen, harten Waffen angenagt und vielleicht ausgehöhlt haben und es wäre denkbar, dass dieser Vorgang verändernd auf die Gewebe der Pflanze an dieser Stelle eingewirkt hätte. Vielleicht, dass dann eine ursprünglich krankhafte Erscheinung, welche von wesentlichem Nutzen für das leidende Subjekt wurde, durch Vererbung sich fixierte. Auf diesem Standpunkte befinden sich die übrigen hohldornigen Akazien (Acacia cornigera unter andern), welche ausser den ersten Lockmitteln, den extranuptialen Nektarien, nur noch Wohnstätten bieten.

Bei der Acacia sphaerocephala ging die Anpassung in dieser Richtung noch weiter, indem sich wie gesagt, gewisse Blattdrüschen wie bei der Imbauba zu Nahrungskörperchen für die Ameisen umbildeten. Diese von Belt entdeckten und deshalb von Schimper als Belt'sche bezeichneten Körperchen, wurden von Francis Darwin, dem Sohne unsres grossen Altmeisters untersucht. Sie haben ungefähr die gleiche Grösse, wie die Müller'schen Körperchen der Cecropia, sind von orangegelber Farbe und liegen an der Spitze der feinen Blättchen, welche den Wedeln der Akazienblätter jene bekannte elegante Gestalt geben, aber mehr in der untern Hälfte der einzelnen Blattsegmente. Bei der leisesten Berührung fallen sie ab. Sie bilden einen dünnwandigen, mit Eiweissstoffen und fetten Ölen gefüllten Parenchymschlauch und weichen von gewöhnlichen Blattdrüschen ausserdem noch darin wesentlich ab, dass sie nicht wie diese, schon an ganz jungen Blättern einschrumpfend und vertrocknend zu Grunde gehen, sondern dass sie an Grösse zunehmen,

...och lange nachdem sie die secernierende Thätigkeit, welche ihnen, ...nn überhaupt, nur in der Knospe zukommt, beendigt haben."

Angesichts dieser Thatsachen, die bei der Imbauba und Acacia -phaerocephala nachgewiesen werden konnten, wird es schwer in den Kanälen der Knollen der Myrmecodia kein Werk der Ameisen und in den in jenen auftretenden „Lenticellen" keine den Müller-schen und Belt'schen Körperchen analoge Gebilde zu sehen. .

Eins ist gewiss, dass man bei einer heftigeren Erschütterung aller dieser drei Pflanzen eines ungestümen Angriffs, seitens der sie bewohnenden Ameisen gewärtig sein muss. Laut Huth schildern schon Commelyn (1697 nach Berichten des Antonius Recchius) und N. J. Jacquin (1763) mit fast leidenschaftlichen Worten die kleinen schwarzen, die hohlen Dornen der Akazien Zentralamerikas bewohnenden Ameisen, welche bei Berührung der betr. Bäume, wie ein Regen auf den unvorsichtigen Störenfried herabfallen, deren Biss einen den ganzen Tag anhaltenden Schmerz erzeugt und die wohl imstande sind den Menschen in die Flucht zu schlagen. „Wenn eins der jungen Blätter berührt oder ein Zweig geschüttelt wird," erzählt Belt, „so brechen die kleinen Ameisen (Pseudomyrma bicolor) aus den hohlen Dornen hervor und überfallen den Angreifer mit Kiefern und Stacheln, sie bilden ein für die Pflanze höchst wirksames stehendes Heer, welches nicht blos die Säugetiere abhält, das Laub abzuweiden, sondern es von einem noch weit gefährlicheren Feinde, den blattschneidenden Ameisen nämlich, befreit."

Über die übrigen, ihren Gästen Futter und Wohnung zugleich bietenden myrmekophilen Pflanzen, sind wir weniger gut unterrichtet, als über die Imbauba und über Acacia sphaerocephala. Zwar liegen eine Reihe wertvoller Untersuchungen vor, namentlich eine von K. Schumann, dieselben sind aber meist an Herbariumsmaterial angestellt, müssen daher notwendigerweise unvollständig sein, andrerseits sind auch die in Indien und Malayasien, z. B. von Beccari gemachten Beobachtungen nichts weniger als lückenlos, reichen jedenfalls an die von Müller, Belt und Schimper nicht heran. Schumann hat gewiss Recht, wenn er die Behauptung aufstellt, der Beweis, dass eine Pflanze myrmekophil sei, könne im strengsten Sinne des Wortes nur in der Heimat derselben geführt werden und zwar müssten dabei zuerst die innewohnenden Ameisen exmittirt werden. Liesse sich nun nachweisen, dass danach dem Gewächse wesentlicher Schaden durch Feinden zugefügt würde, dann sei sie als Ameisenpflanze anzuerkennen. Als Illustration zu dieser letzteren Ausführung Schumann's sei erwähnt, dass Belt in der That von der Acacia sphaerocephala angiebt, diejenigen Exemplare, in deren Dornen keine Kolonnien von Pseudomyrma bicolor hausten, verfielen unbedingt den blattschneidenden Ameisen. Auch Schimper konstatiert, dass sich ab und zu junge Imbaubabäumchen fänden, welche aus irgend einem Grunde nicht von der Aztekenameise bewohnt wären und immer seien dann ihre Blätter von den Blattschneidern zerschnitten.

Doch kehren wir zurück zu den übrigen myrmekophilen Gewächsen, soweit sie den Ameisen auch Wohnungen bieten. Schumann hat für diese Art der Symbiose den Namen Synoekie vorgeschlagen, der mir nicht ganz richtig gebildet zu sein scheint. Das Wort würde „gemeinsames Bewohnen desselben Hauses" bedeuten, wie Symbiose das „Leben mit einander" bezeichnet. Nun ist aber ein Teil der Pflanze das betreffende Haus, das doch jedenfalls von dieser selbst nicht mit bewohnt werden kann. Etwas anderes wäre es, wenn mit den in Rede stehenden Ameisen gewisse myrmekophile Insekten in den von den Gewächsen gebotenen Wohnräumen sich fänden, — diese würden dann mit jenen unbedingt in Synoekie leben. Ich möchte der Bezeichnung „Enoekie" den Vorzug geben. Die Wohnräume sind von zweierlei Art: entweder es sind Höhlungen des axialen Teiles der Pflanze oder eigentümliche blasige Gebilde an den Blattspreiten. Die erstern sind auch wieder von verschiedener Art: das eine mal sind es, wie bei der Imbauba, von Haus aus vorhandene Internodien, welche von den Ameisen bezogen werden und die gleichfalls bestimmte Stellen erkennen lassen, an welchen den Gästen der Zutritt erleichtert wird. Dies ist der Fall bei Clerodendron fistulosum, einem zu der Familie der Verbenen gehörigen, von Beccari entdeckten Halbstrauch Borneos, dessen hohle Internodien innen kolbenförmig angeschwollen sind, oben meist zwei runde, einander gegenüberstehende Löcher haben und dann ausnahmslos von Ameisen bewohnt werden.

Bei andern myrmekophilen Pflanzen ist zwar der Stamm solid, aber einzelne seiner Teile sind und wohl erst in Folge der Symbiose mit Ameisen schlauchartig erweitert. Diese Erweiterungen liegen entweder am oberen oder am unteren Teile des betreffenden Internodiums. Dies ist der Fall bei einer Anzahl Arten aus den Rubiaceen-Gattungen Dioceroia und Cordia, welche das tropische Amerika bewohnen, und bei einem derselben grossen Pflanzenfamilie angehörigen strauchförmigen Gewächse vom Gabun in Westafrika, — Cuviera physinodes. Wahrscheinlich gehören hierher auch einige die Molukken bewohnende, wolfsmilchartige Gewächse, nämlich Endospermum moluccanum und formicarum, sowie Macaranga caladiiformis. Von der ersten Pflanze berichtet der alte Rumphius schon, wie ich aus Huth's Mitteilung ersehe, folgendes: „der Stamm dieses Gewächses und alle seiner dickeren Äste haben kein Mark, sind vielmehr ausgehöhlt und diese Höhlungen sind mit zahlreichen grossen, schwärzlichen Ameisen angefüllt, welche hin und wieder den Stamm durchbohren und gewissermassen Fenster in ihm anlegen. Sie dringen in dem Stamme wie in einem Gewölbe bis zu den äussersten Ästen vor, sodass der Baum blos durch die Rinde sich ernähren kann; die feineren Zweige enthalten indessen ein Mark, ähnlich dem des Hollunders. (!)

Wenn man einen Zweig abschneidet, so kommen diese Ameisen mit grosser Gewalt und Schnelligkeit hervorgestürzt, greifen sofort die Umstehenden an und beissen so heftig, dass es gar gefährlich ist, sich solch einem Baume zu nähern, da der ganze Boden in seiner Nähe von diesen bissigen Tieren wimmelt, welche sofort ihre Angriffe auf die Füsse der sich Nährenden machen.

Manche myrmecophile Gewächse haben eine hohle Blütenstandaxe als Wohnraum für die Gäste entwickelt, deren schützende Gegenwart gerade in der Nachbarschaft der Blüten, der Organe, welche die Erhaltung der Art vermitteln, besonders wünschenswerth war; dies ist nach Schumann der Fall bei den südamerikanischen Pleurothyrum macranthum und wahrscheinlich auch bei Kibara formicarum, hospitans und bei Myristica formicarum.

In allen diesen Fällen bilden die Pflanzen den erwünschten Mietsleuten entweder selbst Zugänge zu den Wohnungen in Gestalt selbständig auftretender Längsspalten oder es wird ihnen derselbe doch dadurch erleichtert, dass wie bei der Imbauba an der Axe des Gewächses bestimmte Stellen mit verdünnten, bequem durchnagbaren Wandungsgewebe vorhanden sind.

Die blasenartigen Gebilde an den Blattspreiten finden sich bei einer Reihe südamerikanischer Pflanzen, besonders aus der Familie der Melostomaceen und gehen nach Schumann aus sogenannten Domatien hervor. Unter Domatien versteht man sehr allgemein verbreitete, unter anderen bei Rubiaceen, Melostomaceen, Sterculiaceen, linden-, wolfsmilch-, lorbeer- und myrtenartigen Gewächsen etc. vorkommende Flächenvergrösserung der Unterseite der Blätter. Es sind kleine Hohlräume, deren innere Auskleidung durch die Form der Epidermiszellen, durch die Spaltöffnungen und durch die Bekleidung mit Köpfchenhaaren genau dieselbe ist, wie die Oberschicht der übrigen Blattunterseite. In der Regel sind sie flach kegelförmig, wobei der Zugang zu ihnen der breiteste Teil ist. Meist werden sie von kleinen Gliedertieren namentlich Milben bewohnt, sind aber nicht etwa durch diese Inquilinen veranlasst, sondern ererbte Eigentümlichkeiten der betreffenden Blätter, da man ihre Anlage schon in den Knospen nachweisen kann, also zu einer Zeit, wo eine in dieser Richtung wirkende Beeinflussung von aussen her noch unmöglich ist. Auf der Oberseite des Blattes entspricht ihnen, wenn sie auch noch so flach sind, eine Erhöhung.

Auch eine Reihe von Arten der südamerikanischen Melastomaceen-Gattung Tococa hat an ihren Blättern derartige flache Domatien, welche bei Tococa truncata zu 3 mm hohen erweiterten Blasen werden, bei verschiedenen Arten sich immer mehr ausbilden und bei T. lancifolia und (Myrmedone?) rotundifolia zu sehr ansehnlichen Hohlräumen werden. Bei der letzten Pflanze liegen diese interessanten Gebilde im hintersten Drittel des Blattes unmittelbar neben dem mittelsten Nerv und ragen sowohl über die Ober- wie über die Unterseite des Blattes hervor; sie stellen einen der Länge nach eingekerbten gestrecktovalen Doppelschlauch von circa 3,5 cm Länge und 1,5 cm Breite dar. Die Zugänge zu diesem Schlauch liegen an seinem vorderen Ende auf der Unterseite des Blattes unmittelbar neben dem Mittelnerv da, wo das obere Nebennervenpaar von ihm abgeht. Alle derartig entwickelten Domatien der Tococa-Arten dienen kleinen Ameisen zur Wohnung. Schumann fand, dass die Schläuche bei laurifolia schon an jungen Blättern der Anlage nach vorhanden waren und er schliesst hieraus, dass sie so, wie sie jetzt sind, sich vererben und sich nicht durch mechanischen Reiz seitens der Inquilinen vergrössern.

Eine andere Art von Blasen findet sich bei Calophysa tococoidea, wo sie herzförmig, 2 cm lang und 1,5 cm breit sind, mit der Spitze nach der Blattspitze zu gerichtet unterhalb des Blattstiels an der Axe liegen und nur eine am schmalen Ende befindliche Öffnung besitzen. Auch in ihnen fand Schumann Reste einer unbestimmbaren Ameise. Ganz ähnliche Gebilde finden sich an der

Blattbasis von Dicroia saccifera, welche aber selbständige Errungenschaft der Pflanze und nicht umgebildete Domatien sind, denn ihre Zugänge liegen auf der (morphologischen) Oberseite der Blätter, mit deren Gewebe auch die Auskleidung ihrer Innenwandungen übereinstimmt. Diese Blasen werden von Allomerus septemarticulatus bewohnt.

Die Bedeutung der alle diese Hohlräume bewohnenden Ameisen als Schutzwache für die Pflanze ist nach dem, was wir von der Imbauba, der Acacia sphaerocephala, dem Endospermum moluccanum etc. wissen, wohl über jeden Zweifel erhaben, doch möge hier ein, wenn auch indirekter Beweis der Richtigkeit dieser Annahme Platz finden. „Trotzdem" sagt Schumann „dass einige Pflanzen, besonders die Majeta-Arten ziemlich dünnhäutige Blätter besitzen, sind sie doch in den Herbarien niemals angefressen oder irgend wie durch Einwirkung unberufener Gäste verletzt. Ich fand aber ein Exemplar von Tococa pubescens, dessen Blätter vollkommen skelettiert waren. Als ich nun genau zusah, bemerkte ich, dass die Blase zerrissen und ohne Zweifel dadurch als Wohnraum für die Ameisen untauglich geworden war. Es ist höchst wahrscheinlich, dass dieser Zweig nun schutzlos, den auf ihn eindringenden feindlichen Tierchen zum Opfer gefallen war."

Es wurde im Laufe unsrer Betrachtung schon wiederholt darauf hingedeutet, dass die symbiotischen Verhältnisse zwischen Pflanzen und Ameisen nirgends häufiger und nirgends deutlicher entwickelt sind, als im tropischen und subtropischen Amerika. Die Ursache dieser auffallenden Erscheinung liegt darin, dass das Laub der baumartigen Pflanzen nirgends von den verschiedensten Feinden in dem Grade bedroht ist, wie hier, wo sich als in dem ältesten Waldlande der Erde ungleich vielmehr Tiere an die Ernährung durch Baumblätter angepasst haben, als sonstwo. Neben den zahlreichen Insektenlarven treten in den Wipfeln der Bäume, wohin Wiederkäuer hier und in andern Ländern, selbst die Giraffen in Afrika, nicht zu gelangen vermögen, blattfressende Säugetiere, selbst Vögel auf und in allererster Linie die ungeheueren Mengen der blattschneidenden Ameisen, welche nirgends auf der Erde analoge Formen besitzen. Und diese sind es gerade, welchen von ihren mit so vielen amerikanischen Pflanzen in Symbiose lebenden Verwandtinnen Todesfeindschaft geschworen ist.

Gegen den Besuch der Faultiere soll allerdings die Gegenwart der Aztekenameisen den Imbaubabaum nach der Versicherung von

Bates nicht schützen, wohl aber dürften, wie Schimper vermutet, die Kolonien kriegerischer Ameisen, welche sich häufig in dem zwischen den Blattrosetten der auf Bäumen schmarotzenden Bromeliaceen-Gattungen Tillandsia und Vriesea angesammelten Humus finden, imstande sein, die auf die saftigen Blattbasen dieser Pflanzen lüsternen Affen abzuhalten. Die Blattschneider-Ameisen endlich fürchten ihre weit kleineren, aber auch weit wehrhafteren Cousinen wie das Feuer und schon Caecus Adrianus, ein mönchischer Schriftsteller aus dem Anfange des 16. Jahrhunderts, erzählt in seinem Werke „de mineralibus", es solle in Westindien zwei Gattungen von Ameisen geben, schwarze nämlich und rote, jene verheerten die Äcker, diese aber vertrieben die Eindringlinge und unterbrächen das Werk der Zerstörung. Auf die Blätter der Imbauba sind jene Blattschneider sehr erpicht, aber Fr. Müller sah sie nur dann auf diesen Bäumen, im Falle diese wenigstens die Azteka als Mietsleute hatten, wenn sie nicht am Stamme hinaufgekrochen waren, sondern sich durch Vermittlung eines benachbarten Baumes unbemerkt von der Sauvegarde eingeschlichen hatten. Derselbe Forscher beobachtete eine Atta hystrix, eine grosse, hart bepanzerte blattschneidende Ameise, welche an den Blütenblättern einer Luffa ihr Zerstörungswerk begonnen hatte, aber sofort reissaus nahm, als eine gegen sie winzig kleine Cremastogaster auf den extranuptialen Nektarien der Deckblätter erschien. „In der Nähe meiner Wohnung (bei Blumenau in Brasilien) standen" erzählt Schimper „nebeneinander je ein junges Exemplar der gemeinen Goyaba (Pisidium Guava) und der dort sehr häufigen Cassia neglecta. Eines Tages fand ich die erstere im Besitz eines kleinen Trupps von Blattschneidern (Atta hystrix), während wie gewöhnlich die Cassia von zahlreichen kleinen Ameisen bedeckt war, welche die warzenförmigen Nektarien der Blattstiele leckten. Ich bog einen Zweig der Goyaba derart, dass er eine Brücke nach der Cassia bildete und verlor denselben nicht aus den Augen. Bald verirrten sich einige Blattschneider auf die Cassia, schlugen aber alsbald schleunigst den Rückweg ein, obwohl gerade diese Pflanze, wenn sie nicht hinreichend geschützt ist, von ihnen mit Vorliebe entlaubt wird. Einige der verirrten Blattschneider entschlüpften unversehrt auf die Goyaba, andere jedoch wurden, obgleich sie sich eiligst zurückzogen, von den schwarzen Ameisen der Cassia verfolgt und gebissen."

9*

Nach der Ansicht desselben Gelehrten ist die Bedeutung der schützenden Ameisen, welche die Blattschneider abhalten, so gross, dass ohne ihre Gegenwart gewisse Pflanzenarten unfehlbar zugrunde gehen würden. So haben diese winzigen Geschöpfe „der Vegetation des tropischen Amerika ihren Stempel aufgedrückt: sie sind ebenfalls zu den pflanzengeographischen Faktoren zu rechnen".

Grösser indessen dürfte in dieser Hinsicht der negative Einfluss der blattschneidenden Ameisen selbst auf die Flora des warmen Amerikas gewesen sein. Manche Pflanzen mögen ausgerottet worden sein oder sie wurden doch durch diese kleinen Feinde an ihrem Gedeihen so behindert, dass sie sich nicht weit verbreiten und niemals häufig werden konnten. Andere Gewächse sind im Verlaufe der schützenden Anpassungen, des Kampfes gegen die Blattschneider, myrmecophob geworden, namentlich mögen sich bei manchen die Blätter verhärtet, oder ihr Gehalt an bittern ätherischen Ölen vermehrt haben. — eins ist gewiss, dass die Sauba, wie diese Ameise in ihrem Vaterlande heisst, lange nicht an alle Gewächse geht.

Das Treiben dieser Blattschneider ist am eingehendsten in Brasilien von Schimper und in Paraguay von Rengger beobachtet worden.

Die Sauba ist nicht immer in grösseren Scharen thätig, doch auch nie einzeln. Sie schneidet unter Vermeiden der härteren Rippen mit Hülfe ihrer Kiefer aus dem Rande nicht zu junger aber auch nicht zu alter, etwa schon hart gewordener Blätter in einem Zeitraum von 1—2 Minuten Stücke von höchstens 2 cm Durchmesser mit unregelmässigen Seiten, welche sie dann mit einem Ruck mitten auf den Kopf in eine sattelartige Vertiefung auf die hohe Kante stellt. Eine, mehr dem gemässigten nördlichen Amerika angehörige Art (Atta septentrionalis) trägt Fichtennadeln ein, welche sie gleichfalls in eine entsprechende Grube der Stirn legt, während sie das untere Ende mit den Mandibeln festhält, sodass eine Schar derselben nach dem Ausdrucke von Morris, wenn sie beladen anmarschiert kommt, aussieht, wie ein Trupp Soldaten mit geschultertem Gewehre.

Wenn den Blattschneidern in Paraguay abgeschnittene Stücke auf die Erde fallen, sollen sie dieselben liegen lassen; sie tragen jedes Stück einzeln direkt vom Baume heim. Damit stimmt indessen eine Angabe von Lund über eine brasilianische Art (Atta cephalotes) nicht überein, von welcher dieser Forscher erzählt, er habe sie beobachtet, wie sie, auf einem Lorbeerbaume in Thätigkeit, die Stiele der Blätter durchbiss, sodass diese auf die Erde fielen, wo sie von andern Ameisen aufgesammelt und fortgeschleppt wurden. Auch Mac Cook beobachtete, dass die mexikanische Atta fervens in der Regel die Stücke von Eichblättern, welche sie am liebsten verwertet, sobald sie abgeschnitten waren, auf die Erde warf, wo andere Arbeiterinnen sie in Empfang nahmen und heimtrugen.

Über das Blattschneide-Geschäft von Atta (Oecodoma) texana liegen genaue Angaben von Lincecum vor. Diese Ameise schneidet meist in der Nacht Blattstücke von der Grösse eines amerikanischen Fünfcent-Stücks, welche sie mit ihren Kiefern derart tragen, dass sie zwischen zwei starken Dornen ruhen, welche sich auf der Stirn der Trägerin befinden.

Diese Stücke werden entweder am Eingang des Nestes niedergelegt, oder auf den Weg vom Baume bis zu diesem gestreut, oder endlich auf einen Haufen am Fusse der Eiche gesammelt. Auf alle Fälle lassen die Ameisen die Blattstücke einen Tag lang im Sonnenschein trocknen, um sie erst in der nächsten Nacht einzutragen. Meist geschieht das Einsammeln und Herrichten des Laubes im Herbst, im Sommer tragen sie es frisch ein. Während der Hauptsammelzeit wird von den Fourageuren fortwährend in dem Masse neues Laub herzugebracht, wie das früher herbeigeschaffte trocken wird. Wird es während der Herrichtezeit durch Regen nass, so lassen die Ameisen es liegen.

Es ist klar, dass die Blattschneider bei ihren zahllosen Massen der Vegetation sehr nachteilig werden können und da sich, wie wir sahen, sehr viele Pflanzen ihres Vaterlandes durch sozusagen negative Anpassung ihren Schädigungen entziehen, fallen sie mit Vorliebe über alle eingeführten Gewächse, welche natürlich einen solchen Schutz nicht besitzen, her: Orangen, Granatbäume, Rosen, Mango, Kohl, Kaffee leiden ungeheuer unter ihrem verderblichen Einflusse. Ein Bekannter des schon öfters von uns erwähnten Dr. Delacoux hatte sich in Neuspanien einen schönen Weingarten angelegt, alles ging gut und die Stöcke gediehen prächtig. Da erschien nach drei Jahren Atta cephalotes und in einer einzigen Nacht war der ganze Weingarten seiner Blätter beraubt. In manchen Gegenden von Brasilien und Paraguay sind diese Geschöpfe so häufig, dass der Feld- und Gartenbau durch sie nach dem übereinstimmenden Zeugnis von Bates und Rengger fast zur Unmöglichkeit wird und die Regierungen Gesetze über ihre Vertilgung erlassen haben, welche freilich in so üppigen Ländern herzlich wenig nützen.

Was machen die Ameisen mit diesen Blattstücken? Zu Kapitän Stedman's Zeiten glaubte der gemeine Mann in Surinam, dass sie unter der Erde eine blinde Schlange damit fütterten: vielleicht dass man in ihren Nestern gelegentlich eine jener fusslosen, wurmförmigen blinden unterirdischen Echsen, welche die Wissenschaft Amphisbaenen nennt, gefunden hatte und dadurch zu jenem curiosen Aberglauben veranlasst worden war. Mac Cook nimmt an, Atta fervens benutze die Laubstückchen zur Verfertigung des papierartigen Materials, aus welchem sie die Zellen im Innern ihrer Nester baut, während Lincecum behauptet, Atta texana frässe nichts als Blätter und sie lege sich im Herbste Magazine davon an, da sie sich während der kalten Jahreszeit unterhalb der Linie des Temperaturwechsels bei einer Tiefe von 15—25 Fuss aufhalte, also nicht lethargisch würde und der Nahrung bedürfe. Rengger vermutete, dass die von ihm Isau genannte Ameise das Laub nicht als Futter für sich, sondern für ihre Blattläuse eintrage, während Belt zu der Ansicht neigt, dass sie es vermodern liessen um eine Art Pilzzucht darauf anzulegen, von deren Produkte sie sich nährten. Auch Schimper sah, wie die moderude Laubmasse im Innern in schwarzen Humus übergegangen war, welchen allerdings Pilze durchwucherten, er meint aber doch, die etwas abenteuerliche Vermutung Belt's entbehre jeder ernsten Begründung. Kurz und gut, was es eigentlich mit dem Laubeintragen der blattschneidenden Ameisen für ein Bewandtnis hat, wissen wir noch nicht gewiss.

Ich muss gestehen, dass ich für meine Person der von Lincecum gegebenen Erklärung, wonach die blatteintragenden Ameisen sich von den eingeheimsten Vorräten ernähren sollen, den Vorzug gebe. Wir kennen mehrere andere in den wärmeren Gegenden der Alten und Neuen Welt lebende Ameisen, welche an vegetabilische Nahrung angepasst sind: es sind diejenigen Ameisen, welcher in der Litteratur überhaupt zuerst gedacht wird.

König Salomo (Sprüche, 10, 5) nennt den klug, der da im Sommer sammelt, aber dem, welcher in der Ernte schläft, prophezeite er, dass er zu Schanden kommen werde und zu den Klugen rechnet er die Ameise (Sprüche, 6, 8) „bereitet sie doch ihr Brot im Sommer und sammelt ihre Speise in der Ernte!"

An diesem Ausspruche des alten Judenfürsten ist früher viel

gedeutelt worden. Kannte doch keiner der abendländischen Forscher Ameisen, welche Wintervorräte einsammelten und die Bemerkung Aelians, dass sie sich Getreidespeicher einrichteten, hielt man ebenso wie die Ähnliches besagenden Verse des Horaz für auf falschen Beobachtungen, mindestens Deutungen beruhend. Allgemein war man der Ansicht Kirby's und Spence's, dass die folgenden Verse des Vergil (Aeneid. IV, 401 ff) keine ganz naturgetreue Schilderung enthielten:

> Wie wenn ein Schwarm Ameisen den mächtigen Haufen des Speltes
> Gierig zerrafft, für den Winter besorgt, und verwahret im Obdach;
> Dunkel geht im Felde der Zug, und den Raub durch die Kräuter
> Führen an schmalem Steig sie daher; teils drängt man des Kornes
> Grosse Last mit der Schulter gestemmt, teils treibt man den Heerzug,
> Züchtigend Säumnis und Nacht; rings glüt vom Gewerbe der Fusspfad.
> (Voss Uebersetz.)

Da man in den gemässigten nördlicheren Teilen von Europa wohl beobachtet hatte, dass die Ameisen ihre Puppen eintrügen, glaubte man, die Alten hätten diese etwa mit Getreidekörnern verwechselt. Und doch reden andere Quellen aus früheren Zeiten so deutlich. Maimonides und andere jüdische Gelehrte des Mittelalters erwägen in den Kommentaren zur Mischna, dem ersten Teil des Talmud, vom juristischen Standpunkte aus genau die Frage, ob das von den Ameisen eingeschleppte Getreide dem Ackerbesitzer oder dem ährenlesenden Finder angehöre und entscheiden sich für den letzteren: „die Rechte der Ameisen" bemerkt Lubbock scherzweise hierzu „scheinen sie nicht in Erwägung gezogen zu haben." Auch der grösste italienische Zoolog des XVI. Jahrhunderts, Aldrovand, sagt, dass die Ameisen Getreide eintragen, lehre täglich die Erfahrung.

Jetzt wissen wir, dass die Alten Recht hatten und dass in der That eine ganze Reihe von Ameisenarten in der Alten und Neuen Welt, wie erwähnt, sich mit dem Einsammeln von allerlei Sämereien befassen und Magazine, Kornspeicher gewissermassen anlegen. Rengger beobachtete, dass eine blattschneidende Ameise ausser Blattstückchen auch Samenkörner eintrage und Kolonnel Sykes erwähnt (1836), dass Atta (Pheidole) providens in Indien grosse Vorräte von Grassamen sammelt, welche ihr während der Regenzeit zur Nahrung dienen. Sind sie infolge starken Regens nass geworden, so schaffen die Ameisen dieselben, wenn das Wetter sich aufhellt, nach aussen ins Freie, um sie an der Sonne zu trocknen, wie das schon Isidorus, der berühmte Bischof von Sevilla vor länger als tausend Jahren an einer andern Art richtig beobachtet hatte. Dasselbe bemerkte Lineecum auch bei Pogonomyrmex barbata, welche hauptsächlich die Körner des Nadelgrases (Aristida stricta) einträgt, daneben auch noch die einer wilden Sonnenblume, sowie von Amaranthus und Chenopodiumarten. Mac Cook, welcher diese Ameisenart und eine verwandte (P. occidentalis) an einer andern Lokalität (Texas) zu beobachten Gelegenheit hatte, stellt den Speisezettel der Tierchen noch viel reichhaltiger dar: nach ihm sammeln sie die Samen kleiner Rubiaceen und Euphorbiaceen, von Croton, Paspalum, Buchloe dactyloides und Aristida stricta; von letzteren beiden Gräsern allerdings am meisten. Sie nehmen immer blos ausgefallene Körner vom Boden, nie von der Pflanze selbst. Ihre Speicher liegen unter dem Niveau der Erde bis zu einer Tiefe von zirka 8 Fuss und sind im Durchschnitt 6 Zoll lang, 3 Zoll breit und 1 Zoll hoch. Vor ihrem Baue haben sie Abfallhaufen, gewissermassen Kjökkenmöddings, wie sie der Urdäne der prähistorischen Zeit vor seiner Wohnung besass. Das Erste, was mit den frischeingetragenen reifen Körnern geschieht, ist, dass sie in besondern Gemächern geschält werden, darauf wird der Inhalt in die Speicher, die Schale aber nach aussen auf die Kjökkenmöddings gebracht, ebenso etwaige unreife Samen, welche durch Zufall mit eingetragen worden waren. Ganz ähnlich lebten in Südeuropa Atta capitata und barbara nach den Angaben von Aubé und Reymond, sowie laut Lubbock nach denen von Moggridge, dessen Abhandlung ich mir leider nicht habe verschaffen können.

In einem Punkte indessen scheinen sich manche der fruchteintragenden Ameisenarten der Alten und Neuen Welt zu unterscheiden: nach Lineecum bleiben bei Pogonomyrmex barbata diejenigen Körner, welche bereits zu keimen anfangen, draussen liegen, während Atta structor, wie Forel angiebt, ihre eingetragenen Vorräte keimen lässt, dann aber den Keim abbeisst, weil danach, wie bei einem Malzprozess, das Stärkemehl sich durch Diastase in Zucker, Maltose verwandelt.

Die Thatsache, dass südeuropäische Ameisen die Keime abnagen, ist seit alten Zeiten bekannt. So schreibt schon Plinius (lib. XI, paragr. 108) „semina adrosa condunt, ne rursus exeant in terra" — sie tragen angenagte Samenkörner ein, damit dieselben unter der

Erde nicht wieder keimen. — Ich muss gestehen, dass mir die Auffassung des alten römischen Polyhistors mehr zusagt als die von Forel. Es ist ja wohl unbestreitbar richtig, dass nach dem Abbeissen des Keimes in dem Korne eine Umsetzung des Stärkemehls in Zucker vor sich geht, ich bin auch überzeugt, dass die Vorräte den Ameisen infolge dessen besser munden werden, aber ich glaube doch, dass dies beikommende Umstände sind, auf welche es weniger abgesehen ist als auf das Verhindern des Auswachsens des Samens. Plinius behauptet ferner, die korneintragenden Ameisen seien sehr wählerisch und schleppten wohl Weizen von dannen, liessen Gerste indessen liegen und sie würden bei ihrer grossen Menge und bei ihrem unermüdlichen Eifer recht schädlich.

Viel wundersamere Kunde noch ist über den Ozean aus Amerika zu uns gedrungen, wodurch wir die Ameisen, welche als Viehzüchter seit langer Zeit berühmt waren, auch als Ackerbau treibend kennen lernten. Schon 1867 erzählte Lincecum, dass Atta texana um im Schatten zu wohnen breitblätterige Gewächse auf ihr Nest pflanze. Weit draussen in der offenen Prairie trügen sie die Samenkörner einer mohnartigen Pflanze (Argemone mexicana) zu diesem Behufe auf die Aussenseite ihres Baues, in der Nähe des Waldes zögen sie Viburnum, Celtis, Ilex, Vitis und dergleichen Sträucher vor. Der Berichterstatter konnte nie beobachten, dass die betreffende Ameise Beeren dieser Gewächse gefressen hätte, giebt aber zu, dass sie möglicherweise bei ihrem Eintragen die beiden Zwecke im Auge habe, — eine schattige Laube und ein geeignetes Futter zu gewinnen.

Ähnliches berichtet derselbe Forscher und nach ihm Mac Cook aus der Lebensgeschichte der Pogonomyrmex barbata. Diese merkwürdigen Tiere halten die halbtropische texanische Vegetation in der Umgebung ihrer Nester unter scharfer Kontrole. Sie roden um ihre Städte das dichte Krautwerk, bestehend aus Gras, Salbey, Gänseblumen und andern Wiesengewächsen auf eine ansehnliche Strecke hin aus, sodass der gerodete Kreis, in dessen Centrum sich das Nest befindet, einen Durchmesser von 3 bis 4 Meter hat. Innerhalb dieses Kreises wird ein jedes Grashälmchen sorgsamst abgenagt und entfernt, nur an seinem Rande bleiben Stoppeln stehen. Auf dieses urbar gemachte Land werden jährlich Aussaaten jenes dichten gelben, vorher schon erwähnten Grases (Aristida stricta) gemacht, welches in deutlich gesonderten Feldern wie der Weizen oder das Gras auf den Äckern und Wiesen eines Landmanns heranwächst. Von weit her schon wird man unter den andern Pflanzen die mit der gelben Aristida bestandenen Ameisenfelder gewahr. Linecum nahm an, dass die Ameisen diese Felder anlegen, indem sie wirklich die Körner ihres Lieblingsgrases aussäen, eine Anschauung, die Mac Cook, und wie mich dünkt mit Recht, nicht so ohne weiteres teilen zu können versichert. Dieser ausgezeichnete Beobachter kommt vielmehr zu dem Schlusse, dass die Gegenwart des Grases auf zufällig beim Einschleppen verloren gegangene Körner zurückzuführen ist, dass dann allerdings die Ameise das auf der Rodung keimende Gras, welches ihr doch wohl bekannt sein muss, absichtlich schont und sich so Zeit und Arbeit erspart, welche sie sonst auf das Einschleppen der Körner weiter entfernt stehender Aristida-Pflanzen verwenden müsste. Die Sache mag sich verhalten wie sie will, jedenfalls ist sie äusserst merkwürdig und ein neuer Beweis der hohen Intelligenz der Ameisensippe.

Von vegetabilischen Substanzen, sei es von Blattstücken oder Sämereien sich ernährende Tiere werden den Pflanzen unter allen Umständen schädlich sein, aber, wie bereits angedeutet wurde, auch unsere mehr oder fast ausschliesslich fleischfressenden Ameisen, können den Gewächsen, wenigstens den insektenblütigen Phanerogamen nachteilig werden. Sie stellen dem Honig der Blütennektarien nach und vereiteln dadurch die Befruchtung der Pflanze, sie versündigen sich gewissermassen am künftigen Geschlecht. Hiergegen haben die Gewächse eine ganze Reihe von Schutzmitteln erworben und manche (z. B. Passionsblumen) können einerseits myrmekophil, andrerseits myrmekophob sein. Während wir vorher nachwiesen, dass in unsrer Flora myrmekophile Pflanzen selten seien und die Ursache davon in dem Umstande suchten, dass diejenigen Faktoren, welche denselben die Myrmekophilie etwa anzüchten könnten, nicht anhaltend genug wirken, lässt sich darthun, dass das mit der Myrmekophobie einheimischer Gewächse ganz anders ist. Insekten, welche auf den Blumenhonig lüstern sind und das sind allerdings die so zahlreichen Ameisen in erster Linie, daneben indessen auch Käfer, Fliegen und viele andere mehr, — treten immer in genügender Menge auf, um den Pflanzen nachteilig werden zu können, sie vermochten daher gar wohl einen bestimmenden Einfluss auf den Entwicklungsgang der Pflanzenteile zu erlangen.

In ganz ausgezeichneter Weise hat A. Kerner „Die Schutzmittel der Blüten gegen unberufene Gäste" in erster Linie die Ameisen behandelt. Jene Schutzmittel sind recht verschiedener Art. Einmal kann die Blüte selbst so beschaffen sein, dass ein unberufener Gast nicht in ihr Inneres zu dringen und den Honig zu rauben vermag. Um den Rand einer hängenden Glocke einer Campanula oder eines Schneeglöckchens, kann die unermüdlichste Ameise trotz aller darauf verwandten Energie nicht herumvoltigieren. Die Blüte des Löwenmauls ist zu festgeschlossen, die der Schlüsselblume zu eng, bei andern liegen die nuptialen Nektarien in unzugänglichen Aussackungen, Spornen u. s. w., wieder andere besitzen vor denselben gewissermassen Barrieren, in der Gestalt von Haarpolstern u. dergl., alles Anpassungen, welche sich den dreisten Eindringlingen hindernd in den Weg stellen.

Andere derartige Schutzvorrichtungen der Blüten finden sich an anderen Teilen der Pflanzen. Es können Haarpolster, Trichome wie Spinnewebe die Stengel und Blätter überziehen. Derlei Trichome bilden für viele flügellose kleine Tiere ein unüberwindbares Hindernis des Fortkommens; manche dieser kleinen Tiere verhängen und verstricken sich in dem Gewirre aus Fäden, ganz ähnlich wie in den Fäden eines Spinnenetzes und vermögen sich aus demselben auch nicht mehr zu befreien (Kerner). Und gewiss sind solche Trichome auch den Ameisen höchst unangenehm. Man versuche es nur einmal und setze eine Ameise auf ein Stück Fries oder groben Flanell, — wie sie die Beine hebt, die prächtigsten Leckerbissen verschmäht und ihr ganzes Sinnen und Trachten darauf richtet, nur loszukommen aus dem abscheulichen Haarwerk. Es ist ihr offenbar zumute, wie uns, wenn wir uns in ein Gewirr von rankenden Zaunrüben, Brombeeren oder Hopfen verstrickt haben, — los, nur los! — ja die Ameise ist noch dreimal schlimmer daran als wir: wir haben blos zwei Beine zu befreien, sie aber sechs und wenn sie mit vieler Mühe eins frei gemacht hat, sitzt sie mit den übrigen fünfen nur um so fester.

In einem der vorhergehenden Vorträge haben wir gesehen, wie man in Brasilien die Ameisen abhält, indem man an den Beinen der Möbel, den Pfosten der Betten und den Stricken, an welchen Körbe mit Esswaren von der Decke herabhängen, Ringe klebrigen Harzes anbringt. Auch der Kniff wird als Schutzmittel der Blüten verwendet. Diese Klebstoffe sind entweder Absonderungen besonders entwickelter Trichomzotten oder sie werden an gewissen Stellen einfach von den Zellen der Oberhaut geliefert. Bald sind sie schleimig, bald harzig, immer aber sind sie zäh und bleiben leicht an berührenden Körpern hängen. Am häufigsten treten sie an Stellen auf, welche, am Blütenstiele oder am Pflanzenstengel gelegen, denen entsprechen, wo der Gärtner im Herbst gegen das Aufkriechen der flügellosen, trächtigen Weibchen des Frostspanners, einen Brumataleimgürtel um seine Obstbäume legt. Andere solche „Leimruten" sind die auf dem Boden rosettenartig sich ausbreitenden Blätter oder sie finden sich auf den Hüllblättern oder Kelchen der Blumen selbst.

Die hohe Bedeutung dieser Klebstoffe für den Blütenschutz ist unverkennbar. „Ameisen" bemerkt Kerner, „welche ich auf die klebrigen Blütenstiele der Silene musciipula L. und inaperta L. brachte, waren in kürzester Zeit ganz mit Klebestoff beschmiert und zeigten nach 10 bis 20 Minuten keine Bewegung mehr. — Aus eigenem Antriebe" fährt mein Gewährsmann fort, „gehen übrigens die Ameisen nicht so leicht auf diese Leimspindeln, da sie den einzuschlagenden Weg immer auf das sorgsamste mit ihren Tastern untersuchen und, bei klebrigen Stellen angelangt, wenn möglich umkehren und den Rückweg suchen. Manchmal scheinen sie aber denn doch das Wagnis zu unternehmen und die klebrigen Stellen zu betreten, und dann sind sie auch sicherlich verloren."

Wie im Mittelalter der adlige Spitzbube seine Burg und der ängstliche Bürger sein Städtchen mit einem Wassergraben umgab, wie der Südländer die Pfosten seines Bettes in mit Wasser oder einer andern Flüssigkeit gefüllte Schalen setzt, um das Aufkriechen von Ungeziefer zu verhindern, — so giebt es Pflanzen, welche in der Rosette ihrer Bodenblätter den nächtlichen Tau oder das Regenwasser zurückhalten und auf diese Weise den Ameisen, welche nasse Füsse über alles hassen, den Besuch ihrer Blüten verleiden.

Alle im Wasser wachsenden Pflanzen sind selbstverständlich durch ihren Standort gegen zudringliche kriechende Besucher geschützt. Zu ihnen gehört der Sumpfknöterich, Polygonum amphibium. Doch lassen wir Kerner über dieses merkwürdige Gewächs selbst reden: „Wie aber dann, wenn das Wasser abgelaufen ist und nun Polygonum amphibium aufs Trockene gesetzt wird? — Da ist es nun sehr merkwürdig, dass sich in solchem Falle besondere Schutzmittel ausbilden, welche an der im Wasser wachsenden Pflanze bisher fehlten. Es entwickeln sich nämlich dann aus der Epidermis sowohl der Blätter als des Stengels eine

Anzahl horizontal abstehender, im Mittel 0,7 mm langen Trichomzotten („Drüsenhaare"), die insbesondere an dem Stengelteile, welcher
durch eine Inflorescenz abgeschlossen ist, so dicht als nur möglich
gestellt sind und deren kugelige Schlusszellen einen klebrigen Stoff
secernieren, sodass sich die Axe, welche die Inflorescenz trägt, ganz
schmierig anfühlt. Jene kleinen flügellosen aufkriechenden Insekten,
welche den Nektar rauben möchten, ohne dabei den Vorteil einer
Kreuzung der Blüten zu vermitteln, können über diese klebrige Axe
nicht emporkommen, sie würden an derselben wie an Leimspindeln
kleben bleiben. Der Zugang ist demnach jetzt durch eine klebrige
Masse, die sich auf dem zu den Blüten führenden Wege entwickelt
hat, unmöglich gemacht. Diese klebrigen Trichomzotten fehlen, wie
schon bemerkt, der im Wasser wachsenden Pflanze vollständig, und
wenn der Standort des Polygonum amphibium, welcher mehrere
Jahre vom Wasser frei war und der diese mit Trichomzotten bekleideten Individuen getragen hatte, wieder einmal unter Wasser
gesetzt wird und die genannte Pflanze dann im Wasser sprosst und
ihre Blätter- und Blütenähren auf dem Wasserspiegel schwimmen
lässt, so bleiben auch die Trichomzotten mit ihrem Klebestoff aus
und die Epidermis erscheint wieder glatt und eben. Der Schutz
durch den Klebestoff ist dann überflüssig geworden, da schon das
die Inflorescenzen umspülende Wasser als treffliches Schutzmittel
dient."

Im ganzen jedoch sind unsere einheimischen Ameisenarten der
Vegetation weit nützlicher als schädlich und der Ausspruch Ratze-
burgs, dass wir alle Ursache haben, uns des kleinen Hilfscorps anzunehmen und es zu schonen, wo wir können, ist wohl berechtigt und
beherzigenswert. Wenn sie ja einmal eine abgefallene Aprikose oder
Birne annagen, so will das nicht viel sagen im Vergleiche zu der
Thätigkeit, welche sie als Feld-, Wald- und Garten-Polizei ausüben.
Forel, welcher diese Insekten kennt, wie kaum ein Andrer, macht
ihnen und besonders dem Lasius niger nur die Pflege der Blattläuse zum Vorwurf. Um die Nester des auf Wiesen wohnenden
Lasius flavus, des Hauptpflegers der Blattläuse an den Graswurzeln, ist immer ein Kreis, innerhalb dessen der Graswuchs dürf-
tiger ist, infolge der unterirdisch an den Wurzeln unter Aufsicht
der Ameisen saugenden Aphiden. Ein einziges Mal nur brachte
Forel in Erfahrung, dass Tetramorium caespitum sich durch
das Benagen der Knollen junger Rüben schädlich gezeigt hatte, aber

blos vorübergehend, denn als die Pflanzen wuchsen, ging die Ameise nicht mehr an dieselben.

Taschenberg, welcher im Ganzen auch sehr gut auf die Ameisen zu sprechen ist, bemerkt, dass sie „im lockeren Boden der Gärten, namentlich auch der Mistbeete durch ihre Wühlereien beim Nestbaue und Anlegen der Gänge zu diesem die dort befindlichen Pflanzen beeinträchtigen, indem sie die Wurzeln der zarteren bloslegen und eben keimende stören". In der Minierarbeit sieht Mac Cook indessen eine sehr nützliche Beschäftigung der Ameisen und er schreibt ihnen ähnliche Verdienste zu, wie Darwin den Regenwürmern. Sie pulverisieren den Boden und bringen ihn in Masse auf die Oberfläche und durch ihr Graben wird die, für die Ertragsfähigkeit so überaus wichtige Durchlüftung des Bodens wesentlich gefördert und die von ihnen angelegten Systeme feiner Gänge bieten einerseits dem Regenwasser die Möglichkeit die Erde zu durchdringen, und wirken andererseits als Kapillarröhren, durch welche die Feuchtigkeit zu den Wurzeln steigt.

Der Mensch hat in verschiedenen Teilen der Erde versucht, sich die Ameisen in verschiedener Weise nutzbar zu machen. Ihrer früher weit mehr als gegenwärtig geschätzten medizinischen Bedeutung haben wir schon gedacht; erwähnt sei, dass auch die Honigameise (Myrmica mexicana) von den Mexikanern medizinisch gegen Geschwülste und Augenkrankheiten als Einreibungsmittel angewendet wird und aus ihrem mit Wasser vermischten Honig bereiten die Indianer einen, das Fieber lindernden Trank, auch verstehen sie durch Gährung einen Liqueur daraus zu gewinnen. In Schweden werden Ameisen mit Branntwein abgezogen, um denselben wohlschmeckender zu machen und auch sonst werden sie gelegentlich als Nahrungsmittel und Leckerbissen vom Menschen benutzt. Rengger berichtet, das Landvolk geniesse in Paraguay sehr allgemein den mit Eiern gefüllten, etwa erbsengrossen Hinterleib der weiblichen Isau-Ameise; derselbe schmecke roh wie Haselnüsse, geröstet und mit etwas Syrup übergossen, wie gebrannte und überzuckerte Mandeln. Von einem vorderindischen Volke, den Atoken erzählt schon Nicolaus Venetus, ein italienischer Schriftsteller des 15. Jahrhunderts, sie verzehrten in Pfeffer eingemachte, rote Ameisen, welche wie kleine Garneelen aussähen. Auch Wilhelm Piso erwähnt in seiner Geschichte beider Indien (1658), in Brasilien würden zwei Arten von Ameisen gegessen: eine gelbe,

Lupia genannt und eine grössere Tama-joura und nach Humboldt werden in gewissen Teilen von Westindien aus Ameisen pikante Saucen bereitet.

Auch in der Chirurgie Brasiliens spielen die Ameisen eine gewisse Rolle. Wie bei mir daheim in Thüringen sich der Landmann seine Warzen von der grossen grünen Heuschrecke abbeissen lässt, so benutzt nach Angabe des Franzosen Mocquery der südamerikanische Indianer Ameisen zum Vernähen von Wunden. Die Tiere lassen nicht wieder los, was sie einmal mit den Kiefern gepackt haben: der indianische Heilkünstler veranlasst sie nun in die beiden Wundränder zu beissen, welche von dem darauf abgeschnittenen Kopf zusammengehalten werden. Man soll bisweilen Eingeborene sehen, welche in einer solchen Wunde 7 bis 8 Ameisenköpfe haben. In anderen Gegenden legt man eine filzartige, Issa genannte Substanz, welche von Ameisen bereitet wird, als blutstillendes Mittel auf Wunden. Auch das papierähnliche Material, welchem Polyrhachis bispinosus seine Nester macht, ist in Brasilien ein Handelsartikel, indem es zu Zunder benutzt wird.

Im Innern von Afrika werden gewisse Ameisen nicht als Medizin, sondern im Gegenteil als fürchterliches Mordmittel von den Eingebornen in Anwendung gebracht. So schreibt Stanley: „Lange hätte man gerne gewusst, worin das Gift bestand, mit welchem die dortigen Völker ihre Pfeile bestrichen, die dem Leutnant Stairs eine schlimme Wunde beigebracht und den fast sofortigen Tod mehrerer anderer zur Folge gehabt hatten. Als in Arisibba Halt gemacht wurde, fand man mehrere Packete getrockneter roter Ameisen und damit war das Geheimnis enthüllt. Diese Insekten werden getrocknet, zu Pulver zermalen, in Palmöl gekocht und auf die Pfeilspitzen gestrichen. Dieses war das tötliche Gift, durch welches so viele unter schrecklichen Qualen ihr Ende gefunden hatten. Es wird im Walde hergestellt, und es ist verboten, es in der Nähe eines Dorfes zu bereiten."

Da machen die Landleute in der Gegend von Mantua und in der chinesischen Provinz Canton einen würdigeren Gebrauch von den Ameisen. Die ersteren binden Eichbaumstubben, in welche sich Ameisen eingenistet haben, an den Fuss junger Obstbäume, wodurch diese vor der Beschädigung durch Raupen auf Jahre hin gesichert sind. Die Chinesen benutzen nachweisbar seit 1640 die Ameisen als Polizei gegen gewisse Würmer (wahrscheinlich Schmetterlingsraupen), welche den Orangebäumen sehr schädlich sind. Man holt in den Bergen bei Canton eine Ameisenart aus ihren Nestern, welche sich an Bäumen befinden, indem man vor denselben eine mit Fett ausgestrichene Schweins- oder Ziegenblase bindet, in welche die Ameisen hineinkriechen. Solche Blasen verkaufen die Bergbewohner an die Orangezüchter, welche dieselben an die Spitze eines Orangenbaums hängen und diesen Baum mit benachbarten mittelst Bambusstäben verbinden, sodass die Insekten bequem zu denselben gelangen können. Mac Cook berichtet, dass man in Florida, wo die Orangen ungemein unter einer Schildlaus zu leiden hatten, sich mit dem Gedanken trug, diese Ameise einzuführen. Ich fürchte nur, dass man dann den Bock zum Baumgärtner gemacht haben würde, denn wenn die Ameisen auch die Raupen fressen, so werden sie doch wahrscheinlich die allgemeine Liebhaberei ihrer Sippe für den Honig der Schild- und Blattläuse teilen. Auch in die eingeborne Solenopsis xyloris setzte man in Nordamerika grosse Hoffnung als Vertilgerin von gewissen der Baumwollenzucht überaus schädlichen Raupen, aber Mac Cook hat vor allzu sanguinischen Erwartungen gewarnt. Wenn er auch zugiebt, dass das Tier gewiss in dieser Hinsicht nützen würde, so kann er doch in der Anwendung der Ameise keine Radikalkur gegen Raupenfrass erblicken. —

Ich möchte meine Betrachtung zunächst über das Verhältnis der Ameisen zu den Pflanzen, dann aber über das ganze Leben dieser merkwürdigen Tiere überhaupt mit den Worten Forels schliessen: „Alle Autoren, welche diese Tiere beobachtet haben, sind darin einig, ihnen eine wichtige Stelle im Haushalt der Natur einzuräumen. Diese Stelle verdanken sie ihrer vereinten Menge, ihrem Mut und ihrer Intelligenz."

Druck von Frankenstein & Wagner, Leipzig.